미식가를 위한 스페인어 안내서

~미식가를 위한 스페인어 안내서~

이지가을 지음 • 허지영 그림

¡Hola!

-prologue-

이 책을 펴신 분이라면 아마도 음식 또는 스페인어, 아니면 둘 다에 관심이 있는 분이실 거예요. 그중에 스페인에 가본 적이 있는 분이라면 기분 좋은 날씨와 맑은 하늘, 그리고 스페인 음식을 추억하며 미소 지을 테고, 스페인어를 조금 배워보신 분들이라면 교재의 모습을 하지 않은 이 책을 반가워하실지도 모르겠어요. 아직 스페인에 가보지 않은 분들은 언젠가 가볼 그곳을, 그리고 먹어볼 그 음식들을 기대하실 수도 있고요.

이 책은 이렇게 스페인 여행의 추억을 그리워하(지만 스페인어는 아직 배워본 적이 없)거나, 언젠가 떠날 스페인 여행을 설레는 마음으로 상상하는 분들을 위해 만들어졌습니다. 그러니 스페인어를 하나도 몰라도 걱정하지 마세요. '빠에야'나 '감바스'에 대해 들어본 적이 없어도 괜찮고, 물론 스페인에 가보지 않았어도 아무 문제가 되지 않아요. 스페인 음식과 스페인어에 관심이 있다면 그걸로 충분해요. 지금 있는 곳에서 잠시 눈을 감고, 스페인에 있다는 상상만 할 수 있다면 다른 건 아무것도 필요 없어요.

상상 속이라도 인사 정도는 스페인어로 해야 할 테니, 우리 Ready에서 스페인어 알파벳부터 조금씩 익혀두기로 해요. 스페인은 다른 유럽국가들에 비해 영어가 잘 통하지 않거든요. 영어와 똑같이 생긴 알파벳인데 발음이 다른 것도 있고, 영어에서 보지 못했던 알파벳도 있어서 익숙하면서도 어딘가 낯설게, 그래서 더 매력적으로 느껴질 거예요. 식당뿐만 아니라 여행 시 만날 수 있는 웬만한 상황들을 두루 커버할 수 있는 마법의 세 문장도 만나보세요.

Set에서는 식당에서 일어날 법한 10개 장면을 추려두었어요. 식당에 입장에서 음식을 주문하고, 식사 후 정말 맛있었다며 계산서를 요청하는 상황까지 살펴볼 거예요. 함께 상상 여행을 하며 식당에 들어가는 순간에는 무엇이 보이고, 그때 여러분께 들리는 스페인어는 어떤 것들이며, 대답은 어떻게 하는지 알려드릴게요. 스페인 식당에는 한글이 전혀 없고, 심지어 영어나 사진조차 없는 메뉴판도 종종 있습니다. 언젠가의 여행에서 당황하지 않도록, 메뉴판을 읽는 방법도 한눈에 정리했습니다.

Go에서는 스페인의 대표적인 음식들에 대해 알아볼 거예요. 흔히 말하는 '샹그리아'가 사실은 스페인의 와인 칵테일류의 음료인 '상그리아'라는 것도, 빠에야의 본고장인 발렌시아에서는 절대 '먹물 빠에야'를 '빠에야'라고 부르지 않는 이유도, '감바스 알 아히요'를 '새우 감바스'라고 하면 '새우 새우'가 된다는 것도 알게 될 거예요. 여기에 스페인에 가면 '아, 이래서 추천했구나!' 싶은 메뉴들과, 그것들을 한국에서도 만들어 드실 수 있도록 쉽고 맛있는 레시피까지 공유할게요. 그리고 마트에서 현지인처럼 장을 볼 수 있는 팁까지 가볍게, 그러나 꼼꼼하게 알려드릴게요. 언젠가 스페인에 가신 여러분이 훨씬 더 풍요롭게 그곳의 음식과 문화를 즐기실 수 있도록요!

낯선 언어를 쓰는 낯선 사람들이 사는 낯선 곳에 가면, 비눗방울 안에 있는 기분이 듭니다. 모두가 익숙한 이곳을 혼자 '다른 사람'이 되어서 구경하는 기분. 사실 저는 이 기분을 정말 좋아해요. 그런데 언어를 알게 되면, 정말 한두 마디만 해도, 나를 감싼 비눗방울이 톡! 터져버려요. 그러면서 노이즈캔슬링 되어 있던 것 같은 주변 소리가 확 들려오고, 비누막 너머로 희미하게 보이던 것들이 선명히 보이기 시작합니다. 용기 내어 사람들 사이로 손을 뻗어보고, 처음 보는 과일을 살짝 만져보고, 한 입 베어 물수도 있겠죠. 맛이 있든 없든, 이렇게 새로운 걸 경험한 기억은 일상으로 돌아온 나를 문득문득 웃게 합니다. 꽤 오랫동안요.

언젠가 여러분을 웃게 할 이런 기억들을 상상하며 이 책을 시작해볼게요.

일러두기

☞ 실제 소리를 바탕으로

스페인어 발음은 대괄호로 표기, 실제 소리를 바탕으로 썼습니다. 혀를 털듯이 떨 때 나는 ㄹ발음은 〔ㄹㄹ〕로 표시하는 등, 최대한 발음을 그대로 글자로 옮기려고 하였어요. 글로 읽고는 상상되지 않는 발음은 자기만의 방 유튜브에서 발음 가이드 영상으로 확인해주세요!

☞ 부드럽게 남겨요

발음 마지막에 〔ㅅ〕라고만 표기되어 있으면, 이 부분은 '스'라고 모음 'ㅡ'까지 발음하지 않고 약하게 발음합니다. 부드럽게 s 소리만 남는다는 느낌으로 발음해보세요.

☞ 알아두면 좋은 글자는 색깔로 표시했습니다

본문 중 빨간색으로 표기된 글자는 강조하고 싶은 음식 단어나 스페인 문화와 관련된 키워드를, 파란색으로 표기된 글자는 스페인어 회화에 사용될 키워드를 표시한 것입니다.

☞ 강세는 두껍게

스페인어는 강세가 중요해요. 발음의 강세는 두꺼운 글씨로 표현하였습니다. 예를 들어, 〔**감**바ㅅ〕(gambas)는 '감'을 '바ㅅ'보다 더 세게 발음해요. 이때, 감이 잡히지 않으면, 마음속으로 작게 박수를 친다고 상상해보세요. 그리고 그 박수 소리보다 내 목소리가 조금 더 커야 한다고 생각하며 발음하면 쉬워요. (음이 더 높은 게 아니에요!)

☞ **연음해주세요**

스페인어는 연음이 많이 되는 언어예요. 그러니 띄어쓰기가 있더라도 없다고 생각하고, 이어서 발음해보세요. 실제 발음과 더 가까울 거예요. 단어 사이에 '-'가 있다면 더 연음을 살려 발음해보세요! 예를 들어,

¿Es al horno?
오븐에 구운 건가요?
[에 ㅅ-알 **오**르노]

에스 알 오르노 (X) 에살오르노 (O)

일부 단어나 문장은 연음을 고려하여 발음을 표기, 스페인 알파벳 다이어리의 정직한 발음과 미세하게 다를 수 있습니다. 띄어쓰기나 발음이 글자와 조금 다르더라도 현지인들의 실제 발음을 살린 것이니 놀라지 마세요.

-contents-

Go.
지금 먹으러 갑니다

Ready.

여행자를 위한
스페인어 준비물

01 Ready | 상상해봐요!

아침에 눈을 뜨니 이불 감촉이 낯설어요. '아 맞다, 나 집 아니지! 스페인이지!' 서둘러 일어납니다. 실내화를 신고 화장실로 가요. 여기는 바닥이 마루로 되어 있어요. 걸을 때마다 삐거덕삐거덕 소리가 나는데, 어릴 때 신던 뽁뽁이 신발이 생각나서 기분이 좋아요. 다녀오는 길에 부엌을 지나 물을 한 잔 마시고 발코니 너머로 밖을 봐요. 날씨가 좋아요. 티셔츠랑 청바지에 후드티 하나 걸치면 딱 좋겠어요. 혹시 모르니까 머플러도 두르고, 동전 지갑이랑 선글라스만 챙겨서 바로 나가요. 엘리베이터가 있긴 하지만, 백 년은 된 것 같아서 타기 조금 무서우니 그냥 걸어 내려가요.

그런데 아, 열쇠! 깜빡했어요. 한국에서는 열쇠를 안 쓰니까 챙기는 게 익숙하지 않네요. 현관문도 안 잠그고 왔고요. 다시 올라갑니다. 괜찮아요, 오늘은 날씨도 기분도 좋으니까. 근데 배도 고프니까 좀 빨리 올라갔다 옵니다. 밖에 나오자마자 사람들이 보여요. 어떤 사람은 강아지랑 산책하고 있네요. 귀여워라. 여기서 딱 1분만 빠른 걸음으로 가면 '추로스' 가게가 나오는데요, 그곳에서 추로스랑 핫초코를 먹을지 고민하다가 그냥 조금 더 먼 카페까지 가기로 합니다. 스페인은 점심을 2시쯤 먹는데, 지금 뭘 간단하게 먹으면 분명히 그 전에 배가 고플 거거든요. 조금 더 걸어가서 스페인식 바게트 샌드위치 '보까디요'를 먹을 거예요. 바게트 사이에 '하몽'을 넣고 올리브오일을 뿌린 음식인데 투박하기로도 1등, 맛있기로도 1등이랍니다. 여기에 잠이 확 깨는 스페인식 커피 '꼬르따도'를 마실래요.

입천장이 까질 만큼 바삭한 보까디요와 단숨에 눈을 번쩍 뜨게 하는 꼬르따도 한 잔이면 훌륭한 하루를 보낼 준비 끝. 이제 다시 걸어봅니다. 일단 목적지 없이 걷기 시작해요. 시간, 많고요. 할 거, 없고요. 그렇게 걷다가 예쁜 소품 파는 가게가 보이면 들어가서 구경하다가, '이게 캐리어에 들어가려나…' 하면서 혹시 모르니 가격도 물어봐요. 산책하는 강아지들도 구경하죠. 그러다가 출출해지면 고민할 것 없이 스페인식 점심 백반, '메누 델 디아'를 먹습니다. 이건 오후 2시부터 어지간한 음식점에서는 다 파는 메뉴고 웬만해선 맛없기도 힘들거든요. 스페인 식당들의 문 앞을 보면 입간판이나 액자 같은 메뉴판이 있으니, 거기에 쓰인 메뉴 구성과 가격을 보고 어디든 들어가서 먹어봅니다.

오후에는 숙소에 돌아와서 잠깐 쉬어요. 낮잠도 한 30분 자고 놀다가 책을 가지고 카페에 갑니다. 가서 책은 딱 세 장 읽고선 휴대폰 보다가 해가 질 무렵 나와요. 길을 걸으며 사람 구경을 하다가, 저녁에는 북적거리는 맥줏집에 갑니다. 이런 맥줏집은 스페인에선 그냥 '바'라고 해요.(발음할 때는 '바르'라고 합니다.) '따빠스'를 팔죠. 역시 혼술에는 따빠스 바가 딱 좋아요. 작은 잔에 나오는 생맥주 '까냐' 몇 잔이면 숙소로 돌아오는 길이 천국이 아닐 수 없죠. 돌아와서 샤워를 싹 하고, 머리만 대충 말리고 침대에 파묻힙니다. 깊이 잠들어 누가 업어 가도 모를 만큼 푹 자요.

어떤가요, 이런 하루?
언젠가 여러분도 이런 하루를 보내게 될 거예요. 그러니까 지금은 그때를 위해 할 수 있는 것들을 하기로 해요. 먼저 저금하기, 연차 아껴두기, 그리고 스페인어 익히기! 세 번째 할 일인 '스페인어 익히기'는 저와 함께 해봐요.

스페인어를 한 번도 접해본 적이 없는 분들을 위해 알파벳부터 하나씩, 아주 쉽게, 꼭 필요한 것들만 알려드릴게요. 조금씩 읽다 보면 스페인어가 훨씬 더 친숙해진답니다. 식당 이름, 스페인어 메뉴판 정도는 읽을 수 있게 될 거예요. 스페인어로 추천 메뉴를 물어보고, 주문과 계산을 할 수도 있고요. 그 날을 위해 지금부터 같이 준비해보기로 해요.

Ready | 02

스페인어 알파벳 다이어리

스페인어는 영어와 유사한 알파벳을 사용하기 때문에 처음 배우는 것이어도 아주 낯설지는 않을 거예요. 게다가 읽는 법도 간단해요. 기본적으로 모음의 발음이 바뀌는 일이 거의 없기 때문에 다른 알파벳 언어보다 빨리, 그리고 쉽게 읽는 법을 배울 수 있지요. 그러나 물론! 스페인어 알파벳이기 때문에, 그 안에는 영어와는 다른 스페인어 고유의 알파벳이나, 발음이 다른 부분들도 있답니다. 음식 단어와 함께 한 글자 한 글자씩 익혀볼까요.

'자기만의 방' 유튜브 채널에서 발음을 들을 수 있습니다.

A [아]	agua [**아**구아] 물
B [ㅂ]	bocadillo [보까**디**요] 바게트 샌드위치
C [ㄲ, ㅆ]	carne [**까**르네] 고기 cerdo [**쎄**르도] 돼지 *모음 a, o, u 앞에서는 [ㄲ]로, e, i 앞에서는 [ㅆ]로 발음합니다.
D [ㄷ]	dinero [디**네**로] 돈
E [에]	ensalada [엔살**라**다] 샐러드
F [ㅍ]	filete [필**레**떼] 스테이크 *영어 F처럼 바람이 새는 발음입니다.
G [ㄱ, ㅎ]	gazpacho [가스**빠**초] 토마토 냉수프 gelatina [헬라**띠**나] 젤리 *모음 a, o, u 앞에서는 [ㄱ]로, e, i 앞에서는 [ㅎ]로 발음합니다.
H [/]	helado [엘**라**도] 아이스크림 *H는 묵음입니다.
I [이]	vinagre [비**나**그레] 식초

J [ㅎ]	jamón [하**몽**] 하몽
K [ㄲ]	kiwi [**끼**위] 키위
L [ㄹ]	lasaña [라**사**냐] 라자냐 sal [살] 소금
M [ㅁ]	menú [메**누**] 메뉴
N [ㄴ]	naranja [나**랑**하] 오렌지
Ñ [냐, 녜, 니, 뇨, 뉴]	piña [**삐**냐] 파인애플
O [오]	oliva [올**리**바] 올리브
P [ㅃ]	patata [빠**따**따] 감자
Q [ㄲ]	queso [**께**소] 치즈
R [ㄹㄹ]	rico [**ㄹㄹ리**꼬] 맛있는 orgánico [오르**가**니꼬] 유기농

S [ㅅ]	salado [살**라**도] 짠 gracias [그**라**시아ㅅ] 고맙습니다 *S가 단어 마지막에 올 때는 부드럽게 흘리듯 받침으로 발음합니다.
T [ㄸ]	té [떼] 마시는 차
U [우]	uva [**우**바] 포도
V [ㅂ]	vino [**비**노] 와인
W [/]	wok [웍] 웍
X [ks]	xilófono [실**로**포노] 실로폰 examen [엑**사**멘] 시험 *X는 단어 맨 앞에 있으면 [ㅅ]로 발음하고, 모음 사이에 있으면 [ks]로 발음해요.
Y [이]	yogur [요**구**ㄹ] 요거트 *Y는 혼자 있으면 [i]로, 뒤에 모음이 오면 [야, 예, 이, 요, 유]로 발음해요.
Z [ㅆ]	arroz [아**ㄹㄹ로**ㅅ] 쌀, 쌀밥 zumo [**쑤**모] 주스

이번엔 이 알파벳들을 조합해, 새로운 발음을 만들어내는 경우만 따로 정리해보았어요. 스페인어 알파벳 목록에는 들어가지 않는답니다.

CH [ㅊ]	chocolate [초꼴**라**떼] 초콜릿
LL [y]	pollo [**뽀**요] 닭고기
RR [ㄹㄹ]	churros [**추**ㄹㄹ로ㅅ] 추로스

ll은 지역에 따라 발음이 다르지만, 영어 알파벳 y가 모음과 함께 쓰일 때의 발음으로 보는게 가장 보편적이에요. 모음 앞에서 [야, 예, 이, 요, 유]와 같이 발음합니다. rr은 혀를 부르르르 떠는 발음으로, 언뜻 복잡하게 들리지만 다음의 열 가지 포인트를 익히다 보면 감이 올 거예요.

Ready | 03

발음이 쉬워지는 열 가지 포인트

이제 이 알파벳들이 단어로 만들어지면 어떤 소리가 나는지, 조금 더 구체적으로 알아보기로 해요.

point 1. 언제나 같은 소리: 모음 a/e/ i/o/u

스페인어 모음 a, e, i, o, u는 언제나 같은 소리로 발음해요. a는 [아], e는 [에], i는 [이], o는 [오], u는 [우]로요.

a [아] e [에] i [이] o [오] u [우]

sangría [상**그리**아] (O) [샹그리아] (X)
jalapeño [할라**뻬**뇨] (O) [할라삐뇨] (X)

가끔 모음 위에 짧은 빗금처럼 악센트가 붙어 있는 경우(á, é, í, ó, ú)가 있는데, 이 악센트를 '띨데 tilde'라고 불러요! 원래는 그 부분이 강세가 가는 부분이 아닌데, 그럼에도 불구하고 강하게 발음해야 할 때 띨데를 넣는답니다. 띨데가 있을 땐 발음은 그대로 유지하면서 더 강하게 읽으면 됩니다. '강하게'라는 게 어떤 느낌인지 감이 안 온다면 그 음절을 발음할 때 마음속으로 작게 박수를 친다고 상상해보세요.

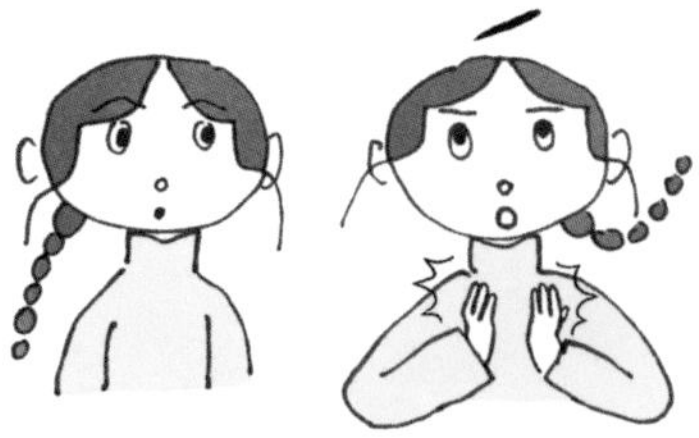

point 2. 언제나 된소리: ca/co/cu, p, t

스페인어에는 〔ㅋ〕, 〔ㅌ〕, 〔ㅍ〕와 같은 거센소리 발음이 없어요. 언제나 〔ㄲ〕, 〔ㄸ〕, 〔ㅃ〕 된소리로 발음한답니다.

---

casa [**까**사] (O) [카사] (X)
cola [**꼴**라] (O) [콜라] (X)
cuchara [꾸**차**라] (O) [쿠차라] (X)
patata [빠**따**따] (O) [파타타] (X)
té [떼] (O) [테] (X)
tequila [떼**낄**라] (O) [데킬라] (X)

---

point 3. 영어와 다른 발음: h, j, v

스페인어에서 f는 영어와 발음이 같아요. 윗니에 아랫입술을 튕기듯이 바람을 내뿜으며 내는 소리지요. 반면 h, j, v는 영어와 발음이 다른데요, 지금부터 알려드릴게요.

h는 묵음이에요. 소리가 없습니다.

---

helado [엘**라**도] (O) [헬라도] (X)

j는 영어처럼 [ㅈ]가 아닌 [ㅎ]로 발음해요. 스페인에서는 이 j 발음을 조금 더 강하게, 목구멍에 힘을 주고 하기도 하는데, 한국어의 [ㅎ]보다는 조금 더 강하게 발음해도 좋아요.

jamón [하**몽**] (O) [자몽] (X)

스페인어의 v는 영어처럼 아랫입술을 윗니로 건드리지 않아요. 영어 알파벳 b와 같게 발음합니다.

vino [**비**노]

point 4. 스페인어에만 있는 발음: ll, ñ, rr

l이 두 개 연달아 있는 알파벳 ll은, 지역에 따라 발음이 달라요. 가장 많은 지역에서 흔하게 쓰는 발음은 〔야, 예, 이, 요, 유〕입니다.

---

llama [**야**마] (O) [라마] (X)

귀엽게 생긴 알파벳 ñ은 스페인어에만 있어요. 그리고 이 물결 표시는 n 위에만 들어갈 수 있답니다. 발음은 ña, ñe, ñi, ño, ñu를 각각 〔냐, 녜, 늬, 뇨, 뉴〕로 발음해요. (ñi는 한글로 발음을 표기했을 때 정확하진 않지만 〔늬〕에 가까워요.)

ña[냐] ñe[녜] ñi[늬] ño[뇨] ñu[뉴]

piña colada [**삐**냐 꼴**라**다] (O) [삐나 꼴라다] (X)

ña ñe ñi ño ñu

r이 두 개 붙어 있는 rr은 '따르르르르릉'이라고 할 때처럼 혀를 부르르르 떠는 소리예요. 한국인은 이 발음이 되는 사람보다 안 되는 사람이 훨씬 많으니까 발음이 어렵다고 낙심하지 마세요. 그러나 연습은 꾸준히 해보세요! 처음에는 절대 안 될 것 같은 발음이지만, 연습해서 결국 발음하는 분들도 많답니다.

---

burrito [부**ㄹㄹ리**또] (O) [브리또] (X)

---

point 5. 두 개의 소리가 있는 알파벳: c, g

c와 g는 뒤에 오는 모음에 따라 발음이 달라져요. a, o, u 앞에서의 소리와 e, i 앞에서의 소리가 다르답니다.

c는 모음 a, o, u 앞에서 〔ㄲ〕로 발음하고, e, i 앞에서는 〔ㅆ〕로 발음해요.

ca [까] ce [쎄] ci [씨] co [꼬] cu [꾸]

casero [까**세**로] (O) [싸세로] (X)
cebolla [쎄**보**야] (O) [께보야] (X)

g는 모음 a, o, u 앞에서는 〔ㄱ〕로 발음하고, e, i 앞에서는 〔ㅎ〕로 발음해요.

ga [가] ge [헤] gi [히] go [고] gu [구]

gambas [**감**바ㅅ]
gelatina [헬라**띠**나] (O) [겔라띠나] (X) [젤라띠나] (X)

point 6. 모르면 틀리는 발음: que/qui/gue/gui

유일하게 스페인어 모음이 자기 소리를 내지 않는 경우가 바로 이 경우입니다. g 다음에 ue 또는 ui가 올 때에는 〔구에〕, 〔구이〕로 발음하지 않고 〔게〕, 〔기〕로 발음합니다. 마찬가지로 q 다음에 ue, ui가 오면 〔꾸에〕, 〔꾸이〕가 아니라 〔께〕, 〔끼〕라고 발음하죠. 이걸 모르고 보통 〔궤〕, 〔귀〕, 〔꿰〕, 〔뀌〕로 틀리게 발음하는 사람들도 많은데, 스페인어 선생님이 들을 때 아주 마음 아픈 발음이에요. 그러니 이 부분은 꼭 별표 다섯 개 이상 쳐가면서 발음을 연습하고, 기억해주세요.

---

que [께] qui [끼]

quesadilla [께사**디**야] (O) [퀘사디야] (X) [꾸에사디야] (X) [케사디야] (X)

gue [게] gui [기]

San Miguel [산미겔] (O) [산미구엘] (X)

---

point 7. z는 s처럼 발음하기

스페인에서는 z를 발음할 땐 영어 〔th〕 발음과 비슷하게 혀 짧은 시옷 소리를 내기도 해요. point 5에서 배운 ce, ci의 발음도 동일합니다. 그러나 우리는 한글 표기로 쉽게 익히고 발음할 수 있도록 z, ce, ci를 〔ㅅ〕나 〔ㅆ〕로 쓸 거예요. 실제로 스페인 남부와 중남미 지역에서는 〔ㅅ〕나 〔ㅆ〕로 발음하기도 하고요!

---

chorizo [초**리**소] (O) [초리조] (X)
gazpacho [가스**빠**초] (O) [가즈빠초] (X)

---

point 8. 외래어에만 쓰이는 알파벳 : k, w

k와 w는 스페인어 단어에는 거의 쓰이지 않는 알파벳이에요. 외래어를 표기할 때만 사용한답니다.

---

kiwi [**끼**위]

---

point 9. l은 부드러운 [ㄹ] 발음, r은 똑 부러지는 [ㄹ] 발음

l은 "을"을 말하려고 준비 중인 상태(소리 안 나게 혀를 올려 말아 놓은 상태)에서 발음하는 [ㄹ]입니다. "랄랄랄라"와 같이 항상 앞 발음에 ㄹ받침을 넣듯이 발음합니다.

r은 아무 생각 없이 발음했을 때의 [ㄹ] 발음입니다. l과 달리 "라라라라"라고 정직하게 발음할 때의 [ㄹ]이에요.

point 10. y의 발음

y는 혼자 있으면 [이]라고 읽어요. y 뒤에 'a, e, i, o, u'가 오면 [야, 예, 이, 요, 유]로 발음해요.

---

y [이]

yogur [요**구**ㄹ]

desayuno [데사**유**노]

스페인어 소리 내어 읽어보기

자, 이렇게 열 가지 포인트를 숙지하셨다면 이제 스페인어 읽기 공부는 95퍼센트 성공! 믿을 수 없다고요? 정말 그렇습니다. 하지만 제가 "정말 이 정도만 기억하시면 스페인, 중남미 어디에 가서든 간판이나 메뉴판을 소리 내 읽는 데 전혀 지장 없답니다"라고 말씀드렸다고 해서 여기서 책을 덮으면 여러분은 '스페인어 발음 공부를 한 기억'만 갖게 되시겠죠? 배우는 것과 습득하는 것은 별개입니다. 자, 이제 습득의 차례예요!

틀려도 되니까 배운 발음과 단어를 꼭 소리 내어 읽어보세요. 지금 우리의 목표는 완벽하게 읽는 게 아니라 스페인어를 발음하는 것, 그 자체입니다. 눈으로 읽는 것과 소리 내어 읽는 건 천지 차이! 분명히 지금도 눈으로 이 글을 읽으면서 '아, 그래? 소리 내 읽으면 좋지' 하면서 그냥 지나가려고 하시는 분이 있다면 지금 당장 휴대폰 녹음 앱을 열어주세요. 그리고 지금까지 본 단어들을 읽고 녹음해봅시다. 처음에는 이게 맞나 싶고, 내 목소리 듣는 것 자체만으로도 어색할 거예요. 하지만 이 과정이 정말로 중요합니다.

무엇보다 틀려도 된다는 것을 꼭 기억하세요. 처음 무언가를 배울 땐 틀리고 실수하는 게 너무나 당연해요. 거기에 익숙해져야 더 편한 마음으로 즐겁게 배울 수 있어요. 그러니 녹음 중에 '역시 영어부터 해야 하나', '아무래도 일본어가 쉽지' 이런 마음을 갖진 마세요. '역시, 틀리기 쉬운 발음이라더니! 딱 맞아떨어지는군!' 하면서 더 신나게 연습해보는 거예요. 그다음에는 어떤 부분을 틀리는지 확인해보고 그 부분만 다시 녹음해보세요. 잊지 마세요, 언어는 원래 틀리면서 배우는 거잖아요. 틀리는 건 배우고 있다는 증거예요.

자, 이제 문장 읽기를 시도해봅시다. 네, 벌써요! 스페인어 문장 아래 조그맣게 한글로 써놓은 발음을 살짝 커닝해도 괜찮아요. 소리 내어 읽고 녹음하며 아직 익숙하지 않은 부분들을 체크하면서 연습해보아요.

Yo quiero un helado de chocolate.[1]

[요 끼에로 운 엘라도 데 초꼴라떼]

조심! 퀴에로 (X), 헬라도 (X), 초콜라테 (X)

He comprado jamón y queso.[2]

[에 꼼쁘라도 하몽 이 께소]

조심! 헤 꼼프라도 (X), 자몽(X), 퀘소 (X)

Para mí, una copa de sangría fría y el menú del día.[3]

[빠라 미 우나 꼬빠 데 상그리아 프리아 이 엘 메누 델 디아]

조심! 파라 (X), 코파 (X), 샹그리아 (X), 메뉴 (X)

Yo no como la pizza con piña.[4]

[요 노 꼬모 (을)라 삣사 꼰 삐냐]

조심! 피자 (X), 피나 (X)

❶ 나는 초콜릿 아이스크림을 원해요.

❷ 나는 햄과 치즈를 샀어요.

❸ 저는 상그리아 한 잔과 메누 델 디아 주세요.

❹ 나는 파인애플 피자를 먹지 않아요.

04 | Ready

마법의 세 문장

스페인어를 잘하지 못해도, 아니, 한마디도 몰랐어도 꼭 알고 가셔야 하는 마법의 세 문장이 있어요. 이건, 무조건 입에 붙여야 해요. 언어의 문제를 넘어 매너의 문제거든요.

"뻬르돈"

Perdón

실례합니다/죄송합니다

"뽀르파보ㄹ"

Por favor

~주세요/부탁합니다

"그라시아ㅅ"

Gracias

고맙습니다

마법의 세 문장 1. 실례합니다, 뻬르돈

'뻬르돈'은 '미안하다'는 뜻 말고도, 길을 지나갈 때 '비켜주세요', 상대방의 말이 잘 안 들릴 때 '뭐라고요?', 가게에서 누군가를 부를 때 '실례합니다' 등 다양한 뜻으로 쓰여요. 누군가 내 발을 밟아서 "뻬르돈"이라고 했을 때 하나도 안 아프고 별거 아니라면 '괜찮아요'라는 뜻으로 "노 빠사 나다"(no pasa nada)라고 답해주면 좋아요. 뻬르돈과 세트 문장인 셈이죠. '노 빠사 나다'가 조금 긴 것 같다면 "에ㅅ따 비엔"(está bien)도 있는데, 아이쿠. 이것도 다섯 글자네요. 둘 다 소리 내어 읽어보고 입에 더 잘 붙는 걸로 하나만 기억해주세요.

마법의 세 문장 2. 부탁합니다, 뽀르파보ㄹ

'뽀르파보ㄹ'는 영어의 'for favor'와 비슷해요. 한국어의 '부탁합니다'와는 뉘앙스 차이가 좀 있지요. 뭔가를 요구할 때 꼭 써야 하는 말이라고 생각하셔도 좋아요. 예를 들어, '메뉴 좀 주세요'라고 할 때는 "라 까르따 뽀르파보ㄹ"(La carta, por favor)라고 해야 하는데, 근처에 있는 메뉴판을 손가락으로 가리키면서, 웃으며 "뽀르파보ㄹ"라고만 해도 완벽하게 뜻이 통할 거예요.

만약 그냥 "라 까르따(La carta)"라고 하면 "메뉴판 가져와" 정도의 뉘앙스가 되어버려요. 끔찍하죠. 심지어 웃지도 않고, 무표정으로 이렇게 말하면 듣는 스페인 사람은 여러분이 정말 무례하다고 생각할 거예요. 그러니까 꼭, '뽀르파보ㄹ'를 붙여주세요.

마법의 세 문장 3. 감사합니다, 그라시아ㅅ

스페인어권 사람들은 아주 사소한 것에도 고맙다, 미안하다, 부탁한다는 말을 해요. 한국식으로 생각하면 뭐 저렇게까지 하나 싶을 정도로 많이요. 길에서 부딪히지 않았고, 부딪힐 뻔(!)만 해도 '뻬르돈'이라고 사과를 하고, 가게에서 무언가를 사고 거스름돈을 받을 때는 물론, 식당에서 내가 주문한 식사를 받을 때도 고맙다면서 "그라시아ㅅ"라고 해요. 메뉴를 달라고 하거나, 냅킨을 한 장 더 달라고 할 때도 부탁한다는 뜻의 '뽀르파보ㄹ'를 덧붙이는 건 당연하지요. 우리말에선 이렇게까지 많이 쓰지 않는 표현이니 항상 신경

써야 해요. 그러지 않으면 나도 모르는 사이 매너 없는 사람이 되어버리거든요!

또 누군가가 내게 고맙다고 하면 보통 **"데나다"**(de nada)라고 대답해줘요. '천만에', '별것 아닌걸요'라는 뜻이에요. 그런데 정말 '별것'일 땐 '알았어'라는 뉘앙스로 **"발레"**(vale) 또는 **"부에노"**(bueno) 라고 대답할 수도 있고, 서로 감사한 상황에서는 '저도 감사해요'라는 뜻으로 **"아띠"**(a ti) 또는 **"아우스뗃"**(a usted)이라고 할 수도 있어요. 대부분 형식적으로 하는 인사이니 복잡하다면 지금은 일단 '데나다'만 기억하셔도 충분해요.

Ready | 05

미식가를 위한 기본 상식 일곱 가지

스페인에는 우리나라와 다른 식습관과 테이블 매너가 있으니, 몇 가지를 알고 가면 아무래도 스페인의 분위기를 조금 더 즐길 수 있을 거예요. 어렵거나 복잡하지 않으니 가볍게 챙겨보세요.

상식 1. 식사 중에 소리 내지 않기

한국에서는 가끔 뜨거운 음식이나 면 요리를 소리 내서 먹기도 하는데, 스페인이나 중남미에서는 후루룩 소리 내며 먹는 걸 실례라고 생각해요. 그래서 면이나 커피, 수프를 먹을 때는 소리가 나지 않게 조심하는 게 좋아요. 또 새우나

조개를 손으로 발라내고 나서, 손가락을 빨며 쩝쩝 소리를 내는 것도 피하는 게 좋습니다. 들고 먹는 길거리 음식이 아니라면, 웬만하면 포크와 나이프를 사용하는 게 좋고요.

상식 2. 식당 직원은 눈빛으로 부르기

스페인 식당에 들어서면 느릿한 서빙에 익숙해질 수밖에 없어요. 한국에 비해서 요리도 천천히 나오고, 직원도 그리 빠르지 않거든요. (아니, 솔직히 진짜 느려요. 정말 느려요.) 하지만 소리 내어 직원을 부르면 그렇게 싫어하더라고요.

중남미 지역의 작은 동네에 있는 친근한 분위기의 식당에서는 상대를 친근하게 부르는 표현으로, "아미고"(¡Amigo!)하곤 가볍게 소리 내서 직원을 부르기도 하지만, 스페인 식당에서는 보통 손을 어깨 높이 정도로 살짝 들고 눈빛을 발사(!) 해서 직원이 오게 해야 합니다. 내 테이블 근처에 직원이 오면 뚫어지게 쳐다보는 거죠. 그러다가 눈이 마주치면 서로 눈썹 인사를 하거나 가볍게 고개를 까딱하고, 직원이 테이블로 옵니다. 스페인에서는 흔히 식당이 작건 크건 이렇게 눈빛으로 부르는 경우가 많으니, 서빙이 느려도 매 순간을 즐겨보도록 해요. (말이 이렇지, 정작 테이블에 앉아 있으면 '아니, 설마 이거 동양인 차별인가' 싶을 정도로 느릴 때도 있는데, 보통은 차별이 아니라 그냥 느린 거더라고요.)

상식 3. 계산은 테이블에서 하기

식사 후 계산은 테이블에서 합니다. 직원에게 계산서를 달라고 하면 계산서가 놓여진 접시를 갖다줄 거예요. 돈을 계산서 접시에 놓고 테이블 위에 두면 직원이 그걸 가져간 다음 거스름돈을 얹은 계산서 접시를 다시 가져올 거예요. 그때 확인을 하고, 때에 따라서는 팁을 두고 나가면 됩니다. 카드로 계산할 경우, 보통 직원이 가져다준 카드 리더기에 카드를 긁고, 사인합니다.

상식 4. 팁을 잊지 말기

팁을 줘야 하는 경우인지 아닌지 헷갈린다면 '직원이 내가 앉은 테이블로 메뉴판을 가지고 왔는지'를 생각해보세요. 바에서 먹거나 마실 때에는 팁을 안 주는 편인데요. 직원이 갖다준 메뉴판을 보고 고르는 게 아니라, 내가 바에 직접 주문을 하는 시스템이라면 팁을 주지 않아요.

팁을 줄 때는 보통 먹은 음식값의 10퍼센트 전후를 주는데, 꼭 정확히 계산하지 않아도 돼요. 그러나 메뉴판에 없는 것을 챙겨주었다거나 특별히 서비스가 좋았다면, 그 이상을 줘도 좋아요. 팁 문화는 자유로운 편이지만, 서비스가 그저 그랬다고 팁을 아예 안 주는 건 매너가 아닐 수 있으니 계산서 접시에 팁을 조금은 놓고 나오는 게 좋습니다. (사실 여행 중이니까 이렇게 팁도 두고 그러지, 현지 친구들 이야기로는, 가볍게 식사하는 캐주얼한 식당이면 매번 팁을 챙겨주지 않아도 괜찮다고 해요.)

상식 5. 스페인 점심 시간은 2시부터

스페인은, 공식적으로는 하루에 다섯 끼를 먹어요! 아침을 오전 7시쯤 먹고, 11시에 오전 간식을 먹고, 오후 2시에 점심, 그리고 5시쯤에 오후 간식, 마지막으로 저녁을 밤 9시가 넘어서 먹지요. 그런데 우리도 매 끼니를 국, 찌개, 생선구이, 고기반찬, 나물 무침에 숭늉까지 다 챙겨 먹지 않듯이 스페인 사람들도 이렇게 다섯 끼를 다 거하게 챙겨 먹지는 않아요. 특히 오후 간식은 주로 아이들이 학교에 다녀와서 많이 먹는데(라고 말하면 오후 간식 꼭 챙겨 먹는 스페인 친구들이 "어른도 먹거든!"이라고 할 게 눈에 선하네요. 네, 모두는 아니지만 어른들도 먹어요.) 바게트 빵 사이에 하몽을 넣은 간단한 보까디요나 요거트와 과일 정도를 먹어요. 저녁으로는 9시쯤, 집에 남은 수프나 토마토 소스에 버무린 마카로니 같은 걸 먹거나, 밖에서 맥주 한 잔과 간단한 안주 요리를 많이 먹습니다.

그래서 현지인이 운영하는 식당에서 점심을 먹으려면 2시 이후, 저녁은 일러도 8시 이후에 가야 주문 가능한 곳이 많아요. 물론, 대도시이거나 관광객이 많은 지역 같은 경우에는 12시부터 점심 식사가 가능한 곳도 많고, 9시 전에 문을 여는 따빠스 바도 많답니다.

상식 6. 메뉴판에 숨어 있는 추가 금액 확인하기

메뉴판 상단이나 하단에 보면 'IVA'라고 쓰여 있는 걸 볼 수 있을 거예요. '세금'이라는 뜻인데요. 옆에 incluido(잉끌루이도) 또는 incluye(잉끌루예)라고 써 있으면 세금이 포함된 가격이라는 뜻이에요. 'no incluido/incluye'라고 써 있으면 세금이 불포함된 가격이고요. 세금 불포함일 경우에는 계산 시 가격에서 10퍼센트가 추가됩니다. 그리고 suplemento de terraza(수쁠레멘또 데 떼ㄹㄹ라사)라고 쓰여 있으면 테라스에는 자리값이 추가된다는 이야기인데, 식당 또는 카페에 따라 아예 음식의 가격이 다르거나, 적게는 5퍼센트, 많게는 10퍼센트 이상이 추가되기도 해요. 그러니 주문하기 전에 꼭 메뉴판 상하단을 살펴보는 것을 잊지 마세요.

상식 7. 공짜 같지만 공짜가 아닌 것들

일단 스페인 식당에서 마시는 물은 돈을 주고 사야 해요. 수돗물을 달라고 하면 무료로 주기도 하지만, 보통은 음료 메뉴에 물이 있고, 물을 달라고 하면 그 물을 줘요. 또 소스를 뺀 모든 것은 추가 금액이 있다고 생각하면 됩니다. (식전 빵은 레스토랑에 따라 인당 가격으로 요금이 계산되고, 무제한인 경우도 있어요.)

추가 요금이 없는 서비스라면 직원이 '서비스입니다'라는 뜻으로 "임비따 (올)라 까사"(Invita la casa)라고 하면서 서빙을 해 줄 거예요. 그렇게 말하지 않는다면 모두 추가 비용이 있는 거랍니다. 때문에 빈 와인 잔을 보고 직원이 "와인 더 드릴까요?"라고 물어볼 때마다 네, 라는 뜻으로 "씨"(Sì)라 대답하다 보면 나중에 계산서를 보고 "이럴 거면 내가 병으로 시켰지!"라는 말이 절로 나올 거예요. 조심하세요!

Set.

상상 속
맛집 탐방

Set 01

입장에서 계산까지 10장면 시뮬레이션

스페인어 읽는 법, 마법의 세 문장, 알아두면 좋을 상식도 익혔으니 이제 드디어 여행을 갈 차례입니다!

막연히 '스페인 식당에 가서 밥을 먹는다'라고 하면 구체적으로 떠오르는 게 없을 수 있는데요, 열 가지 장면으로 함께 상상 여행을 하며 식당에 들어가는 순간부터 계산서를 요청하는 상황까지 살펴볼 거예요.

'이 장면들을 잘 기억해두면 언젠가 갈 스페인 식당에서 직원이 스페인어로 말을 걸어와도 당황하지 않고 침착하게 대답할 수 있을 거예요…'라고 한다면 거짓말이죠! 현실에서는 내가 아는 말도 직접 들으면 '와, 빠르다'라는 생각밖에 안 듣고, 같은 내용의 질문도 내가 배운 문장 그대로 말하지 않는데다가, 심지어 아는 단어도 내 귀에는 안 들리는데, 단어 몇 개 안다고 해서 갑자기 스페인어로 유창하게 대답할 수 있을 리 없습니다.

그럼에도 불구하고, 이렇게 상상 여행을 하는 것은 안 하는 것과는 달라요. 실제로 여행을 가면 '아, 이쯤에서 직원한테 눈빛 쏴서 계산서 달라고 해야겠다!' 이렇게 미리 상황을 추측할 수도 있고, 밥 먹고 있는데 직원이 와인 병을 가져와 말을 걸면 '아, 이게 그 서비스 같은데 나중에 보면 돈 내야 하는 그건가 보다!' 하고 더 빠르게 눈치챌 수 있죠. 여기에 우리가 이제부터 배울 스페인어까지 조금만 더하면 훨씬 마음 편하게 여행할 수 있을 거예요.

Scene 1. 입장

대부분의 스페인 식당에는 입구에 교탁 같은 테이블이 있습니다. 손님맞이용 테이블인데, 그곳에 직원이 있다면 바로 인사를 나누면 되고, 직원이 없다면 잠시 기다리는 게 좋아요. 그러다가 직원이 응대하러 나오면 이렇게 인사할 거예요.

"부에노ㅅ **디**아ㅅ"(Buenos días)

우리말로 '안녕하세요' 같은 인사인데 낮에, 보통은 아침부터 점심시간까지 하는 인사라고 기억해두셔도 좋아요.

"부에나ㅅ **따르**데ㅅ"(Buenas tardes)는 점심시간 이후에 하는 인사예요. 지역에 따라 차이가 있지만 보통은 해가 지기 전이나 저녁식사를 하기 전까지 이 인사를 해요.

"부에나ㅅ **노**체ㅅ"(Buenas noches)는 밤에 하는 인사로 해가 지고 나면, 또는 저녁식사를 하고 나면 이렇게 인사합니다.

"**올**라"(¡Hola!) 더 가볍게, 또는 친근하게 인사를 건넬 때는 이렇게만 인사하기도 해요.

아침부터 점심까지 하는 인사

부에노ㅅ 디아ㅅ

Buenos días

점심시간 이후 하는 인사

부에나ㅅ 따르데ㅅ

Buenas tardes

밤에 하는 인사

부에나ㅅ 노체ㅅ

Buenas noches

친근하고 가벼운 인사

올라

¡Hola!

¡Hola!
¡Hola!
RESTAURANTE

Scene 2. 예약 및 인원 확인

입장하며 인사를 건넨 뒤에 직원이 바로 자리를 안내해줄 수도 있지만, 보통은 인원수를 묻습니다. 예약을 했는지 물어볼 수도 있고요.

	몇 명 **꾸안또ㅅ** ¿Cuántos?	
	혼자 갔을 때	
Una	**우나**	하나 (여자)
Uno	**우노**	하나 (남자)
	두 명이 갔을 때	
Dos	**도ㅅ**	둘
	세 명이 갔을 때	
Tres	**뜨레ㅅ**	셋

인원수를 물어오는 말에는 **꾸안또ㅅ**(¿Cuántos?)가 들어 있을 거예요. 물론 이 뒤에 더 많은 말이 덧붙을 수 있지만, 우리

는 이 단어만 들어도 충분해요. '몇 명이신가요?'라는 뜻인데, 이때 손가락으로 대답을 해도 되고, 숫자를 말해도 돼요. 여자 혼자 가면 **우**나(Una), 남자 혼자 가면 **우**노(Uno)라고 하면 됩니다. 두 명일 때부턴 성별에 상관없이 도ㅅ(Dos), 세 명일 땐 뜨레ㅅ(Tres)라고 하면 돼요.

예약

ㄹㄹ레세르바

reserva

예약했을 때	예약 안 했을 때
네 **씨** Sí	아니오 **노** No

예약을 묻는 식당에서는 "띠에네 ㄹㄹ레**세**르바"(¿Tiene reserva?)라고 물어볼 텐데, '예약'이라는 뜻의 ㄹㄹ레세르바(reserva)라는 단어만 잘 들으면 됩니다. 예약했다면, '네, ○○○ 이름으로 되어 있어요'라는 뜻으로 "씨, 아**놈**브레 데 ○○○"(Sí, a nombre de ○○○)라고 말하거나 간단하게 "씨"(Sí)라고 대답하고 바로 이름을 말하면 됩니다. 예약을 하지 않았다면 "노"(No)라고 하면 되고요.

TIP 거꿀 느낌표, 거꿀 물음표

스페인어는 의문문과 감탄문을 쓸 때 문장의 맨 앞에도 물음표와 느낌표를 써요. 단, 느낌표와 물음표가 앞에 올 때는 방향을 거꾸로 사용해요. 우리말에서 큰따옴표를 쓸 때 앞에는 66 모양의 “, 뒤에는 99 모양의 ”을 쓰듯이 말이죠.

저는 이 부호를 ‘거꿀 물음표(¿)’, ‘거꿀 느낌표(¡)’라고 부른답니다. 스페인어는 문장이 긴 편이고 의문문과 평서문의 어순이 같을 때도 많아서, 맨 앞에서부터 ‘이것은 질문하는 문장입니다’, ‘이것은 감탄문이에요’ 하고 예고해주는 역할이에요.

TIP Cuántos = How many

꾸안또ㅅ는 영어의 ‘How many’와 같은 뜻으로, 물건을 살 때에도 자주 들을 수 있는 표현이에요. 상황에 따라 ‘몇 명’이라는 뜻도 되고, ‘몇 개’라는 뜻도 되는 것이죠.

Scene 3. 자리가 없을 때

죄송합니다

(을)로시엔또 / 뻬르돈

Lo siento / Perdón

기다리기로 했을 때

기다려도 될까요?

뿌에도 에스뻬라ㄹ

¿Puedo esperar?

또는

15분 후에 와도 될까요?

뿌에도 볼베ㄹ-엔 낀쎄 미누또ㅅ

¿Puedo volver en quince minutos?

자리가 만석일 경우 먼저 식당 직원이 미안하다는 표현으로, "(을)로시엔또"(Lo siento) 또는 "뻬르돈"(Perdón)이라고 말한 다음 "노 떼네모ㅅ 메사ㅅ"(No tenemos mesas)와 같이, '테이블이 없습니다'라는 말을 할 거예요.

그런데 직원의 말이 다 들리지도 않고, 꼭 이렇게 말하는 것도 아니라서 귀를 기울이기보다는 직원의 눈썹을 보는 게

더 정확할 수도 있어요. 직원 눈썹이 8시 20분이면 (〈:-|) 자리가 없는 거겠죠!

이때, 기다렸다가 들어가고 싶다면 '기다려도 될까요?' 라는 뜻으로 "뿌에도 에스뻬**라ㄹ**"(¿Puedo esperar?) 라고 물어보세요. 아니면 '15분 후에 와도 될까요?' 하고 "뿌에도 볼**베**ㄹ-엔낀쎄 미누**또**ㅅ"(¿Puedo volver en quince minutos?) 라고 말해봐도 좋아요. 스페인에선 기다린다고 해도 리스트에 이름을 적지 않고 웨이팅 번호도 주지 않는 곳이 더 많으니 식당 앞에서 기다리고 있다가 자리가 나면 그때 들어가면 됩니다.

Scene 4. 자리에 앉기

편한 곳에 앉으세요

돈데 데세에

Donde desee

직원이 자리를 안내해주면 따라가면 되지만, 테이블들을 가리키며 스페인어로 뭐라 말을 한다면 아마 '편한 곳에 앉으세요'라는 뜻의 "돈데 데세에"(Donde desee)일 거예요. 이어서 메뉴판을 갖다줄 텐데요, 만약 꽤 기다렸는데도 메뉴판을 주지 않는다면 직원에게 눈빛을 발사하며 아래와 같이 말해보세요!

메뉴판 주세요

(을)라 까르따 뽀르파보ㄹ

La carta, por favor

스페인에서는 메뉴판을 '까르따'(carta)라고 불러요. 앞에서 배운 마법의 문장 뽀르파보ㄹ을 붙여, "(을)라 까르따 뽀르파보ㄹ"(La carta, por favor)라고 하면 메뉴판을 가져다줄 거예요.

Scene 5. 주문

(손가락으로 가리키며) 이거 주세요

에스또, 뽀르파보ㄹ

Esto, por favor

또는

○○○, 주세요

○○○, 뽀르파보ㄹ

○○○, por favor

물론, 메뉴를 직접 읽어서 주문하면 좋겠지만 조금 쑥스럽거나 어렵다면 손가락으로 원하는 메뉴를 가리켜도 괜찮아요. 그리고 이때도 부탁의 뜻을 담은 마법의 문장 뽀르파보ㄹ을 사용해보는 거죠. 먹고 싶은 메뉴를 손가락으로 가리키며 "**에스또, 뽀르파보ㄹ**"(Esto, por favor)라고 하면 됩니다. '이거 주세요'라는 뜻이거든요. 아니면 메뉴판에 있는 음식 이름을 구글 이미지로 찾아보고, 무엇인지 확인한 다음에 그 사진을 보여주는 것도 좋아요. 맛있으면 나중에 또 시킬 수 있도록, 메뉴의 이름도 잘 기억해놓으면 더 좋겠죠?

더 필요한 것 있으신가요?

알고 마ㅅ

¿Algo más?

이게 다예요

에ㅅ또 에ㅅ **또도**, **그라**시아ㅅ

Esto es todo, gracias

또는

더 주문할 것이 없어요

나다 **마**ㅅ, **그라**시아ㅅ

Nada más, gracias

직원이 마지막으로 **"알고 마ㅅ?"**(¿Algo más?)라고 물어보면, '더 필요한 것 있으신가요?'라는 질문이에요. 이상이라는 뜻으로 **"에ㅅ또 에ㅅ 또도, 그라시아ㅅ"**(Esto es todo, gracias) 또는 **"나다 마ㅅ, 그라시아ㅅ"**(Nada más, gracias) 라고 하면 주문이 끝나요. 이때, 마지막에 감사함을 표현하는 마법의 문장, **"그라시아ㅅ"**(gracias)로 끝내는 거, 잊지 마세요!

Scene 6. 서빙

○○(메뉴 이름)은 누구를 드릴까요?

○○ 빠라?

¿○○ para?

○○(메뉴 이름)은 당신 것인가요?

○○ 빠라 우스뗃?

¿○○ para usted?

내 메뉴일 때	다른 사람 메뉴일 때
제 거예요 빠라**미** para mí	이분(여자/남자) 거예요 빠라**에야** / 빠라**엘** para ella / para él

혼자 갔다면 별말 없이 서빙을 해줄 테지만, 여럿이 갔다면 직원이 음식을 테이블에 놓으면서 메뉴 주인을 물어볼 거예요. "○○ 빠라?"(¿OO para?)는 '○○은 누구를 드릴까요?'라는 말인데, 빠라 다음에 "우스뗃"(usted)이라고 말하면서 직원이 나를 보면 '이 메뉴가 당신 것인가요?'라는 질문이에요. '그거 제 거예요'라고 대답하려면 "빠라**미**"(para mí)라고 하면 되고, 같이 간 사람의 것이라면 '이분 거예요'라는 뜻으로

마을소식지
2023-1
Ready.
미식가를 위한 스페인어 안내서
Room No. 207
입주를 환영합니다~!
Set.
이 책을 선택한 여러분은 이제
자기만의 방 주민이 되셨습니다.
반갑습니다, 고맙습니다
¡Gracias!
¡Hola!
Go!
『미식가를 위한 스페인어 안내서』는
오직 먹기 위해 배우는 최소한의 스페인어와, 맛있는 미식여행
이야기를 담고 있어요. 스페인 음식의 유래와 맛, 문화와 따라 만들어
볼 수 있는 레시피까지! 읽으면 읽을수록 침이 고이는 책이랍니다.
이 책을 들고 스페인 여행을 간다면 먹는거 하난 정말 든든할거예요♡
주민님들은 스페인에 간다면
어떤 음식에 도전해보고
싶나요???
안녕하세요, 연남동에서
책을 만드는 '자기만의 방'입니다
(줄여서 '자방'이라고도 불러요 >.<)
자방 소식이 더 궁금하다면~?
인스타그램 : @_jabang 유튜브 '자기만의방' 검색!

¡Hola! 반갑습니다, 여러분! 이지가을입니다.
코로나가 시작되기도 전에 자방마을에 입주를 하기로 했는데
드디어 주민 여러분을 뵙게 되었네요! ¡Qué emoción! 너무 설레요! ♡
저는 원고를 쓰면서 항상 입맛을 다시다가 결국에는 비행기표를
알아보느라 삼천포로 빠지곤 했답니다.ㅎ 여러분도 책 읽으시다가
'뿔뽀? 요건 뭐지?', '가스빠초? 궁금한데?' 하면서
스페인 맛집 검색해보시느라 우리 책은 뒷전이 될까봐 걱정이
... 되지는 않고, 마구 설렙니다! 여러분! 책은 천천히 읽으셔도
됩니다! 읽다가 중간에 휴지 한 장 끼워놓고, 괜히 숙소
한 번 알아보고, 최저가 항공 일정 보면서 '집에서 좀 일찍
출발 해야겠는걸?' 하는 이른 걱정을 하느라 우리 책은 잠시
깜빡 해도 괜찮아요. 대신 스페인 미식여행하는 상상을 많이
하셨으면 좋겠어요. 그 상상이 다채로워질수록 힘이 생기고, 그 힘은
여러분을 움직이게 할테니까요! (저도 입맛 다시며 원고 쓰다가
스페인으로 신혼여행을 다녀 왔답니다. ܤ)
이제 여러분의 맛있는 여행을 상상하며, 그리고 그 여행에
우리 책이 함께 하길 바라며! 행복한 여행을 기원합니다.
¡Feliz viaje!

Lee Kaeul

"빠라에야"(para ella) 또는 "빠라엘"(para él)이라고 말하면 됩니다. 에야(ella)가 '그(여자)'이고 엘(él)이 '그(남자)'라는 뜻이니 같이 간 사람의 성별에 따라서 써주면 돼요. 아니면 '여기요'라는 뜻으로 "아끼"(aquí)라고 하면서 손으로 위치를 가리키면 접시를 놔줄 거예요. 손으로 가리킬 때에는 한 손가락만 사용하지 않고, 손가락을 다 펴는 게 예의 있는 제스처예요. 서빙이 끝나면 직원에게 고맙다는 인사로 그라시아스를 붙이는 것도 잊지 마세요.

Scene 7. 식사하기

맛있게 드세요! / 맛있게 먹겠습니다!

께 아쁘로베체

¡Que aproveche!

식사 서빙을 마친 직원이 "께 아쁘로베체"(¡Que aproveche!)라고 인사를 할 수 있어요. 또 다른 표현으로 중남미에서는 "부엔 쁘로베쵸"(¡Buen provecho!)라고 하고요. '맛있게 드세요!'라는 인사인데, 서빙해준 직원이 아니더라도 같이 테이블에 앉아 식사하는 스페인 친구들이 있다면 그들도 식사 전에 이렇게 인사할 거예요. 이럴 땐 또 '맛있게 먹겠습니다!'라는 뜻이 되죠. 누군가 먼저 이렇게 인사하면 똑같이 인사하거나, 그라시아ㅅ(고맙습니다)라고 대답한 다음 식사를 시작합니다.

Scene 8. 잘 먹었습니다

(정말) 맛있었어요!

에스뚜보 (무이) 델리씨오소

¡Estuvo (muy) delicioso!

최고였어요!

에스뚜보 뻬르펙또

¡Estuvo perfecto!

식사 후에 맛있게 잘 먹었다고 표현하고 싶다면 "에스뚜보 델리씨오소"(¡Estuvo delicioso!)라고 하면 돼요. 에스뚜보(Estuvo)는 '~했어요'라는 뜻이라 뒤에 '맛있는'이라는 뜻의 델리씨오소(delicioso)를 넣으면 말 그대로 '맛있었다'는 뜻이 된답니다. 문장 사이에 '매우'라는 뜻의 무이(muy)를 넣어서 "에스뚜보 무이 델리씨오소"(¡Estuvo muy delicioso!)라고 하면 '정말 맛있었어요!'라는 뜻입니다. 이것보다 최상의 표현을 쓰고 싶다면, "에스뚜보 뻬르펙또"(¡Estuvo perfecto!)라고 말할 수도 있어요. 뻬르펙또(perfecto)는 '완벽한'이라는 뜻이거든요.

스페인어권 사람들은 좋은 걸 말할 땐 꽤 과장하며 말하는 편이라, 이렇게 말해도 호들갑 떨면서 말하는 느낌은 아니니, 크게 많이 표현해보세요. 그리고 호들갑 좀 떨어도 괜찮아요. 맛있는 걸 먹을 땐 역시나 약간의 호들갑이 나쁘지 않죠! 말을 배울 때도 그렇고요.

Scene 9. 계산서 요청

식사가 끝나면 포크와 나이프를 일렬로 접시 위에 나란히 두어요. 그러면 그걸 본 직원이 좀더 쉽게 나의 식사가 끝난 걸 알 수 있고, 접시를 치워줄 수 있죠. 그때 직원에게 계산서를 가져다줄 수 있는지 부탁하면 돼요. "(을)라**꾸엔**따 뽀르파**보**ㄹ" (La cuenta, por favor)라고 하면 계산서를 가져다줄 거예요.

계산서 주세요

(을)라**꾸엔**따 뽀르파**보**ㄹ

La cuenta, por favor

Scene 10. 계산하고 영수증 받기

스페인에서는 테이블 자리에서 바로 계산을 합니다. (자세한 내용은 미식가를 위한 기본 상식 일곱 가지 중 테이블 계산(47p)을 참고하세요.)

영수증 주세요

"엘띠껫 뽀르파보ㄹ" / "엘ㄹㄹ레씨보 뽀르파보ㄹ"

El tiquet, por favor / El recibo, por favor

계산서를 확인하고 현금을 꺼낸 다음 테이블 위에 두면 가져갔다가 거스름돈을 가지고 다시 와서 놓을 거예요. 그러면 그때 팁을 그 접시 위에 두고 가면 됩니다. 이때 만약 영수증을 받고 싶다면, "엘띠껫 뽀르파보ㄹ"(El tiquet, por favor) 또는 "엘ㄹㄹ레씨보 뽀르파보ㄹ"(El recibo, por favor)라고 말해보세요. 이렇게 영수증까지 받고 나면 상상 맛집 탐방은 끝이 나요.

Set 02

힌트만 알아도 메뉴판이 보여요

아니, 힌트를 알아야 메뉴판이 보여요! 내가 좋아하는 식재료, 꼭 먹어보라고 추천받은 메뉴, 어딜 가나 메뉴판에 보이는 단어들…. 이런 것들만 미리 체크해두어도 메뉴판을 볼 때 훨씬 마음이 가뿐하죠. 물론 관광지에 있는 외국인을 대상으로 하는 식당이나 우리 모두 알 만한 패스트푸드 체인점 같은 곳에는 영어 메뉴판이 있겠지만, 우리는 현지인들이 가는 진짜 맛집에 갈 수도 있잖아요? 그런 곳에 있는 메뉴판은 당연히 스페인어로만 되어 있을 가능성이 크니까요. 이때 우리는 준비된 자세로, 당황하지 않고, 메뉴판을 읽어봅니다. 메인 식재료가 무엇인지, 어떻게 요리된 것인지를 체크하고, 약간의 팁만 있으면 큰 실패 없이 메뉴를 주문할 수 있어요.

Hint 1. 식당 메뉴판 키워드

우리는 여행을 가면 매일 최소한 한 번은 메뉴판을 보게 될 거예요. 그럼 그 메뉴판은 어디서 보게 되느냐. 바로 스페인의 카페, 까페떼리아(cafetería)와 술과 안주를 즐기는 바ㄹ(bar) 그리고 레스토랑인 ㄹㄹ레스따우란떼(restaurante)입니다. 카페는 커피와 함께 샌드위치 같은 간단한 간식이나 음식을 파는 곳이니 따로 설명드릴 게 없지만, 바와 레스토랑은 약간의 설명이 필요해요.

먼저, 음료가 메인이고 거기에 안주를 곁들여 먹는 곳은 바, 앉아서 식사를 하는 곳은 레스토랑이라고 할 수 있습니다. 너무 당연한 이야기를 하고 있죠? 그런데 스페인에서 bar라고 불리는 곳들은 높은 의자에 앉아 바에 기대어 음료를 마시는 곳도 있지만, 그 뒤편에는 일반 식당에서 볼 수 있는 식사 테이블이 마련된 곳도 많습니다. 그래서 낮에는 바에서 점심 식사인 메누 델 디아(menú del día)를 팔다가, 저녁에는 술과 함께 안주인 따빠스(tapas)를 팔아요. 이렇게 보면 레스토랑과 비슷하지 않나, 싶기도 한데 레스토랑은 메뉴도 더 다양하고 가격대가 더 높은 곳도 많아요. 그래서 일단 따빠스를 판다? 그러면 바! 메뉴판에 뭐가 많다? 그러면 레스토랑! 이렇게 기억하셔도 좋아요.

그럼 지금부터 카페와 바, 그리고 레스토랑에서 볼 수 있는 메뉴판에 있는 단어들을 한번 만나봅시다.

MENÚ

전채 요리

entrada / entrante

엔뜨**라**다 / 엔뜨**란**떼

샐러드

ensalada

엔살**라**다

고기

carne

까르네

생선

pescado

뻬ㅅ**까**도

해물

marisco

마**리**스꼬

디저트

postre

뽀ㅅ뜨레

MENÚ

걸쭉하게 끓인 요리

guiso

기소

쌀 요리

arroces

아ㄹㄹ**로**쎄ㅅ

파스타

pasta

빠ㅅ따

사이드 메뉴

guarniciones

과르니**씨**오네ㅅ

튀김

frituras

프리**뚜**라ㅅ

(올리브, 크래커, 치즈 등) 안주

para picar

빠라 삐**까**ㄹ

MENÚ

여럿이 나눠 먹는 요리

para compartir

빠라 꼼빠ㄹ**띠**ㄹ

음료

bebida

베**비**다

입맛을 돋우는 메뉴, 식전주

aperitivo

아뻬리**띠**보

와인

vino

비노

어슷썬 바게트 빵 위에 여러 재료를 올리고 꼬치로 꽂은 안주

pinchos

삔초ㅅ

MENÚ

치즈

quesos

께소ㅅ

기타

otros

오뜨로ㅅ

6개

6 unid. (=unidades)

세이스 우니**다**데ㅅ

2인분

para 2 pers. (=personas)

빠라 **도**ㅅ 뻬르**소**나ㅅ

행사 상품

promo (=promoción)

쁘로모(=쁘로모씨온)

Hint 2. 테이블 위에서 볼 수 있는 것들

식사 중에 포크를 떨어뜨렸거나, 새 물컵이 필요할 때는 그 물건 단어 앞에 '다른'이라는 뜻의 **오**뜨로(otro)를 붙이고, 마지막에 마법의 문장 뽀르파**보**ㄹ(por favor)를 써보세요. '다른 ○○○ 주세요'라는 표현이 완성돼요.

"새 포크 주세요."

오뜨로 떼네**도**ㄹ 뽀르파**보**ㄹ

Otro tenedor, por favor.

휴지 냅킨이 더 필요할 땐 앞에 '더'라는 뜻의 마ㅅ(más)를 붙이면 되고요.

"냅킨 좀더 주세요."

마ㅅ-세르비**예**따ㅅ 뽀르파**보**ㄹ

Más servilletas, por favor.

단어를 사용하지 않는다고 해서 의사소통에 큰 문제가 있는 것은 아니니, 세부적인 문법을 다 따져 말하려고 하기보다 단어를 진짜 소리 내어 말해보는 연습에 집중해보세요.

테이블 위에서 볼 수 있는 것들

접시	작은 접시(앞접시)	냅킨
plato	platillo	servilletas
쁠라또	쁠라**띠**요	세르비**예**따ㅅ
술잔	물잔	머그잔, 찻잔
copa	vaso	taza
꼬빠	**바**소	**따**사
큰 유리 주전자(피처)	메뉴판	계산서
jarra	carta	cuenta
하ㄹㄹ라	**까**르따	**꾸엔**따
칼	포크	숟가락
cuchillo	tenedor	cuchara
꾸**치**요	떼네**도**ㄹ	꾸**차**라
젓가락	젓가락	포크, 칼, 숟가락 세트
palillos	palitos	cubiertos
빨**리**요스	빨**리**또ㅅ	꾸비**에ㄹ**또ㅅ

Hint 3. 음식명에 붙는 조리 용어

주문을 할 때 직원이나 요리사에게 "이 요리는 어떻게 조리한 것인가요?"라고 질문한다면, 우리는 대답을 들으면서 조금 미안해질 수도 있어요. 열심히 설명을 해줄수록 말이죠. 질문할 준비는 되어 있지만, 답을 듣고 이해하기에는 아직 조금 부족하니까요. 그래서 질문은 언제나 '내가 이해할 수 있는 대답이 나오도록' 하는 게 중요합니다. "이거 어떻게 조리하셨나요?" 보다는 "튀긴 거예요?"라고 질문하는 게 좋아요. 그러면 네, 아니오 중 하나로 대답이 나올 테고, 우리는 대답을 듣고 명쾌하게 이해할 수 있죠. 튀긴 음식이 맞다고 한다면, '오예~ 안주구나' 하면서 맥주도 같이 시켜서 맛있게 먹는 해피 엔딩 성공!

조리 방식 앞에 '~인가요?'라는 뜻의 동사 에ㅅ(es)를 넣고, 문장 끝만 억양을 올려보세요.

"오븐에 구운 건가요?"

에ㅅ-알 오르노

¿Es al horno?

"튀긴 건가요?"

에ㅅ 프리또

¿Es frito?

"구운 건가요?"

에ㅅ-아사도

¿Es asado?

최대한 상대방이 네(sí)와 아니오(no) 둘 중에 하나로 대답할 수 있도록 물어보는 게 여행 스페인어의 포인트랍니다!

익힌

cocido

꼬**씨**도

익히지 않은

crudo

끄루도

튀긴

frito

프리또

오븐에 구운

al horno

알**오**르노

찐

al vapor

알바**뽀**ㄹ

팬에 구운

a la plancha

알라**쁠란**차

그릴에 구운

a la parrilla

알라빠**ㄹㄹ리야**

숯불에 구운

a la brasa

알라**브라**사

장작에 구운

asado

아**사**도

팬에 볶은

salteado

살떼**아**도

끓인

hervido

에르**비**도

적신

remojado

ㄹㄹ레모**하**도

섞은

mezclado

메스**끌라**도

갈은

licuado

(을)리**꾸아**도

Hint 4. 소스와 양념

매운 걸 전혀 못 먹는 스페인 친구가 한국 사람의 맵기 기준을 절대로 믿지 않는다고 하길래, "이건 진짜로 안 매워, 진짜 매운 음식 아니야"라고 설득해 같이 칼국수를 먹으러 갔어요. 그런데 이 친구는 몇 입 먹더니 "이햐, 너도 믿을 놈 못 된다"면서 칼국수가 맵다고 하는 거예요. 눈을 감고 미간을 찌푸리며 맛을 음미해보니, 아하~ 청양고추! 주방장님이 국물에 청양고추 몇 개를 빠뜨려 개운한 맛을 내려고 하셨나 봅니다. 친구는 겨우 면만 조금 먹었고, 저는 미안해하면서 식사를 여차저차 마무리했는데요. 이렇게 한국엔 어디서 불쑥 튀어나올지 모르는 맛으로 매운맛이 있다면, 스페인에는 놀라운 짠맛이 있습니다.

요리에 일가견이 있는 또 다른 스페인 친구의 말로는, 한국에 다양한 매운맛이 있듯이 스페인에는 다양한 짠맛이 있다고 하더라고요. 그런데 한국 사람들은 이런 짠맛에 익숙하지 않기 때문에 그냥 다 짜다고만 느낀다고 해요.

하여, 이쯤 되면 이번 힌트를 시작하기 전에 이 표현은 알려드리고 시작해야겠지요.

"소금 빼고 주세요."

신 **살** 뽀르파**보**ㄹ

Sin sal, por favor.

처음에는 스페인으로 여행 가는 학생들에게 "꼰 뽀까 **살** 뽀르파**보**ㄹ"(Con poca sal, por favor)란 표현을 알려드렸어요. '소금은 조금만 부탁드려요'라는 뜻인데, 전-혀 통하지 않았다고 합니다. "쌤, 오히려 소금을 조금 더 달라는 걸로 이해했나 봐요"라고 하신 분도 계셨죠. 그래서 그다음부터는 "신 **살** 뽀르파**보**ㄹ"(Sin sal, por favor)를 알려드렸는데, 이게 직빵(!)이라고 하시더라고요. 어차피 테이블에 소금, 식초, 올리브오일 같은 것들이 있으니 싱거우면 소금을 더 뿌려서 먹어도 되거든요. 그러니 여러분도 가서 한번 드셔보시고, '와, 이게 뭐야!' 싶을 만큼 짜다고 느낀다면 음식을 주문할 때 위의 표현을 사용해보세요.

짠맛
salado
살**라**도

단맛
dulce
둘세

쓴맛
amargo
아**마**르고

신맛
ácido / agrio
아씨도 / **아**그리오

매운맛
picante
삐**깐**떼

기름진
grasoso, grasiento
그라**소**소, 그라**시엔**또

맛이 없는 (無맛)
insípido
인**시**삐도

소금을 빼고
sin sal
신 살

이건 빼고 주세요!

소금 외에도 빼고 싶은 것이 있다면 이 표현을 익혀보세요. 고수를 안 드시는 분들은 식당에 가면 일단 주문하는 음식에 고수가 들어가는지 물어보고, 들어간다고 하면 빼달라고 하면 돼요. 먹지 못하는 재료가 들어갔는지 확인하려면 **"예**바 ○○○"(¿Lleva OOO?)라고 묻고, 재료를 빼고 싶다면 **"신** ○○○"(Sin OOO)이라고 부탁해보세요. 예를 들어,

"고수가 들어가나요?"

예바 실란뜨로

¿ Lleva cilantro?

"고수 빼주세요."

신 실란뜨로, 뽀르파**보**ㄹ

Sin cilantro, por favor.

파슬리도 음식 위에 살짝 뿌리는 말린 가루 형태가 아니라, 확실하게 향이 나는 생파슬리일 경우 우리에게 낯설 수 있어요. 고수는 아닌 것 같은데 뭔가 향이나 맛이 독특하고 별로다 싶으면 파슬리일 수도 있으니 다음과 같이 부탁해보세요.

"파슬리 빼주세요."

신 뻬레힐, 뽀르파보ㄹ

Sin perejil, por favor.

물론 저는 고수와 파슬리 모두 정말 좋아해서 언제나 많이 달라고 한답니다! 그럴 땐, "꼰 무초"(Con mucho)로 시작합니다.

"고수 많이 주세요."

꼰 무초 실란뜨로, 뽀르파보ㄹ

Con mucho cilantro, por favor.

"파슬리 많이 주세요."

꼰 무초 뻬레힐, 뽀르파보ㄹ

Con mucho perejil, por favor.

소금
sal
살

후추
pimienta
삐**미엔**따

설탕
azúcar
아**수**까ㄹ

기름
aceite
아**쎄이**떼

올리브오일
aceite de oliva
아**쎄이**떼 데 올**리**바

식초
vinagre
비**나**그레

케찹
ketchup
껫춥

마요네즈
mayonesa
마요**네**사

머스타드
mostaza
모스**따**사

버터

mantequilla

만떼**끼**야

간장

salsa de soja

살사 데 **소**하

크림 소스

salsa de crema

살사 데 **끄레**마

토마토 소스

salsa de tomate

살사 데 또**마**떼

멕시코식 소스

salsa mexicana

살사 메히**까**나

매운 소스

salsa picante

살사 삐**깐**떼

알리올리(마늘을 넣어 만든 스페인의 전통 소스)

ali oli

알리**올**리

과카몰레(아보카도, 양파, 토마토, 고수,
레몬 등을 빻아서 만든 멕시코 전통 소스)

guacamole

과까**몰**레

이건 따로 주세요!

여기서 팁! 메뉴를 시킬 때 소스가 같이 나오는지 확인하고, 만약 같이 나온다면 따로 달라고 부탁하는 것도 좋아요. 가끔 요리가 아주 짤 때가 있는데, 이럴 땐 아무리 빵을 시켜서 같이 먹고 맥주로 짠맛을 지운다고 해도 해결이 안 될 수가 있어요. 짠데 또 맛은 있어서 안 먹을 수는 없고… 이럴 때를 대비해 앞에서 배운 것처럼 "소금 빼고 주세요"라고 하거나, 소스가 있는 요리인지 묻고 소스는 따로 달라고 하면 조금 더 편하게 먹을 수도 있을 거예요. (물론, 그냥 원래 맛 그대로를 도전해보는 것도 좋습니다.)

소스가 있나요?

비에네 꼰 살사

¿Viene con salsa?

소스는 따로 주세요

(을)라살사 아빠르떼, 뽀르파보ㄹ

La salsa aparte, por favor

이 밖에도 음식을 시킬 때 알레르기가 있거나 선호하지 않는 재료는 빼달라고 할 수 있으니 지금부터 소개할 재료들 중에서 여러분이 좋아하는 것과 피하고 싶은 것을 한번 정리해보아도 좋겠어요!

Hint 5. 재료 읽기 - 육류

스페인은 고기를 정말 많이 먹죠. 그리고 그만큼 햄 종류도 다양하게 발달되어 있어요. 돼지 뒷다리를 소금에 절인 하몽(jamón)과 파프리카 등의 다양한 향신료를 넣은 소시지인 초리소 (chorizo)가 가장 대표적이지만 이 밖에도 한국의 찹쌀피순대와 비슷한 모르씨야(morcilla)도 정말 맛있고, 부띠파ㄹㄹ라(butifarra)라는, 초리소보다 가는 소시지도 독특한 향신료 맛이 아주 매력 있답니다. 이런저런 요리에 많이 들어가 있어서 먹어보기 좋아요.

고기의 익힘 정도

스페인 식당에서 스테이크를 주문할 땐 원하는 고기의 익힌 정도도 함께 말해요. 익힌 정도에 따라 보통 다섯 가지 단어로 나뉘는데요. 영어 표현과 차이가 있고 지역에 따라서도 부르는 이름이 조금씩 다르지만 어떻게 이야기해도 괜찮아요. 보통 한국에서 스테이크를 먹을 때보다는 조금 덜 익힌 채로 나오는 경우가 많으니 참고하세요.

속까지 100퍼센트 익힌 것, '웰던'

비엔꼬씨도(bien cocido) 또는 무이에초(muy hecho)

속은 약간 분홍빛이 도는 부분이 있으나 피는 나오지 않는 정도, '미디엄 웰던'

뜨레ㅅ 꾸아르또ㅅ(tres cuartos) 또는 에초(hecho)

핏기 있는 육즙이 살짝 나오는 정도, '미디엄'

메디오(medio) 또는 알뿐또(al punto)

핏기 있는 육즙이 많이 나오고, 아예 익지 않은 부분이 있을 수도 있는 정도, '미디엄 레어'

ㄹㄹ로호잉글레ㅅ(rojo inglés) 또는 뽀꼬에초(poco hecho)

겉면만 살짝 익히고, 속은 익히지 않은 상태, '레어'

아술(azul)

고기

carne

까르네

소고기

res / carne de res

ㄹㄹ레ㅅ / 까르**네** 데 ㄹㄹ레ㅅ

송아지 고기

ternera

떼르**네**라

돼지고기

cerdo

쎄르도

양고기

cordero

꼬르**데**로

토끼고기

conejo

꼬**네**호

스테이크

bistéc

비ㅅ**떽**

갈비

costillas

꼬스**띠**야ㅅ

등심

lomo

(을)**로**모

안심

solomillo

솔로**미**요

꼬리

rabo

ㄹㄹ**라**보

내장

casquería

가스께**리**아

닭고기

pollo

뽀요

날개

alas / alitas

알라ㅅ / 알**리**따ㅅ

다리

pierna

삐에르나

가슴살

pechuga

뻬**추**가

하몽

jamón

하**몽**

육류

파프리카 파우더로 향과 맛을 낸 소시지

chorizo

초**리**소

스페인식 찹쌀 피순대

morcilla

모르**씨**야

스페인식 소시지의 종류

butifarra

부띠**파**ㄹㄹ라

스페인식 소시지의 종류

salchichón

살치**촌**

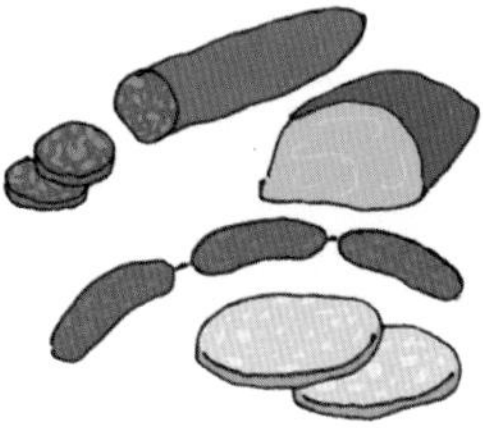

달걀

huevo

우에보

Hint 6. 재료 읽기 - 해산물

지중해 요리로 유명한 스페인인 만큼, 해산물을 빼놓을 수 없죠! 레스토랑에 가면 메뉴판에 해산물과 생선류 카테고리가 따로 있을 만큼 다양하고 많은 요리가 있답니다. 한국 음식에 쓰이는 것과 똑같은 재료더라도 조리법과 사용하는 향신료가 달라서 색다른 맛을 느낄 수 있어요. 제가 먹었던 해산물 음식 중 가장 '아는 재료인데 처음 먹는 맛'은 문어였어요. 어떻게 이렇게 식감이 다르지? 어떻게 이런 맛이 나지? 대체 어떻게 한 거지? 하면서 다 먹기도 전에 한 접시 더 시킬 정도로 맛있게 먹었죠.

그리고 꿀 대구 요리! 바깔라오 알라미엘(Bacalao a la miel)이 있습니다. 현지에 사는 친구가 추천해준 메뉴였는데, 시키면서도 '세상에, 무슨 생선을 꿀에다가? 뭘 어떻게 했다는 거야' 반신반의하면서 시켰다가, 첫입 먹고 바로 "이거네!" 외치면서 먹었어요. 한국에도 있는 똑같은 문어에 똑같은 대구살인데 이렇게 맛이 달라지는 걸 보면 참, 음식의 세계는 신비로운 것 같아요.

해산물

marisco

마**리**스꼬

생선

pescado

뻬스**까**도

연어

salmón

살**몬**

대구

bacalao

바깔**라**오

생태

merluza

메를**루**사

고등어

caballa

까**바**야

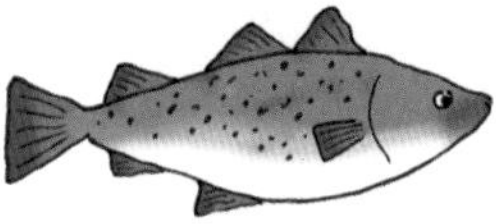

아귀

rape

ㄹㄹ**라**뻬

해산물

앤초비

anchoas

안**초**아ㅅ

새우

gambas

감바ㅅ

가재

langostinos

(을)랑고스**띠**노ㅅ

게

cangrejo

깡**그레**호

조개

concha

꼰차

홍합

mejillones

메히**요**네ㅅ

바지락

almejas

알**메**하ㅅ

굴

ostras

오스뜨라ㅅ

맛조개

navajas

나**바**하ㅅ

오징어

calamar

깔라**마**ㄹ

문어

pulpo

뿔뽀

갑오징어

sepia

세삐아

꼴뚜기

chipirones

치삐**로**네ㅅ

Hint 7. 재료 읽기 - 채소와 과일

스페인 시장에 가보면 채소와 과일이 정말 예쁘게 진열되어 있어요. '어쩜 이렇게 토마토 하나를 팔아도 예쁘게 해놓고 팔까', '세상에, 저기는 무슨 딸기를 저렇게 정성스럽게 진열해놓은 거야' 하며 사진을 찍게 될 만큼요. 그리고 하나 사서 먹어보면, 보기 좋은 떡이 먹기도 좋구나 소리가 절로 나옵니다. 특히 과일들은 전반적으로 맛이 좋아요. 한국에서 보기 힘든 파파야나 납작복숭아 같은 과일에 도전해보거나, 혼자 여행하면서 과일을 사 먹는 게 조금 부담스럽다면 과일 가게 사이에 있는 생과일주스 가게에 들러 작은 주스 하나를 사서 마시는 것도 좋죠. 색다른 과일주스를 마시면서 시장을 구경하고 있으면 아, 정말 여행 왔다 싶은 기분이 한층 더해지니까요.

스페인은 채소가 저렴하고 싱싱한 데다가, 또 토마토나 감자 같은 기본적인 채소 종류도 다양해서 마트에서 장을 봐서 집에서 밥을 해 먹는 재미가 있어요. '저거 분명 토마토인데 뭐가 저렇게 울그락불그락해!' 하면서 하나 사보고, '아니, 저건 감자잖아. 그런데 꼭 디즈니 만화에 나오는 것처럼 예쁘게 생겼네!' 하면서 또 몇 개 카트에 담겠죠.

채소

verdura

베르**두**라

고수

cilantro

실**란**뜨로

파슬리

perejil

뻬레**힐**

감자

patata

빠**따**따

토마토

tomate

또**마**떼

홍당무

zanahoria

사나**오**리아

상추

lechuga

(을)레**추**가

양파

cebolla

쎄**보**야

양송이버섯

champiñón

참삐**뇬**

버섯류

setas

세따ㅅ

마늘

ajo

아호

고추

ají / chile

아**히** / **칠**레

오이

pepino

뻬**삐**노

manzana
melocotón
tomate
kiwi
Hongo
pimiento
puerro
zana
horia

과일

fruta

프루따

바나나

banana / plátano❶

바**나**나 / 블**라**따노

사과

manzana

만**사**나

딸기

fresa

프레사

오렌지

naranja

나**랑**하

❶ 지역에 따라 익혀서 먹는 커다란 초록색 바나나를 plátano라고 부르기도 해요. 보통 우리가 알고 있는 노란 바나나는 banana라고 하면 돼요.

올리브

oliva / aceituna

올**리**바 / 아쎄이**뚜**나

복숭아

melocotón

멜로꼬**똔**

납작복숭아

paraguayo

빠라**과**요

체리

cereza

쎄**레**사

수박

sandía

산**디**아

포도

uva

우바

¡Hola!

GO.

지금 먹으러
갑니다

01

GO

상그리아 마시러 갑니다

상그리아(sangría)는 스페인의 대표적인 음료입니다. 남미를 침략했던 스페인 사람들과 영국인들이 아메리카 대륙에서 만들어 마시기 시작해서 스페인으로 가져간 거라고 해요. 상그리아는 피처 모양의 큰 유리 주전자, 하ㄹㄹ라(jarra)에 오렌지, 복숭아, 사과 같은 과일을 넣고 와인을 부어 반나절에서 하루 정도 재워놨다가 시원하게 마시는, 일종의 스피드 담금주예요. 이제 한국에서도 많이 볼 수 있지요. 한국에서는 '샹그리아'라고 잘못 쓰여 있는 경우가 많아요. (이걸 보면 저는 동공이 흔들리곤 하는데, 마치 '왜 안 돼'를 잘못 쓴 '외않되'를 읽는 기분이에요. '상그리아'라고 해주시길 부탁드려요.)

상그리아는 스페인에서 어딜 가든 흔히 만날 수 있어요. 여러 음식에 두루 어울리는 음료라서 메뉴판에 거의 들어 있습니다.

"상그리아 한 잔 주세요."

우나 **꼬**빠 데 상**그리**아, 뽀르파**보**ㄹ

Una copa de sangría, por favor.

한 잔 가지고는 안 된다 하면 아예 한 주전자를 시키세요.

"상그리아 한 병 주세요."

우나 **하**ㄹㄹ라 데 상**그리**아, 뽀르파**보**ㄹ

Una jarra de sangría, por favor.

반가운 소식! 상그리아는 한국에서도 쉽게 해먹을 수 있습니다.

정말 맛있어요, 홈메이드 상그리아!

매미 울음소리가 나는 한여름 오후, 이틀 숙성해둔 상그리아를 냉장고에서 꺼내 마시는 기분을 아시나요? 보통 때보다 조금 더 달콤하고, 약간 더 맛있습니다. 이틀 묵었으니까요, 하루 참았으니까요! 내일 정말 맛있게 먹어야지 하면서 참고 기다린 그 내일이 오늘이 되면, 냉장고에 있는 상그리아를 떠올리며 잠에서 깹니다. 늦은 아침을 먹고 비로소 마시는 그 상그리아는 그날 하루를, 한여름의 매미 울음소리를, 그 더위와 햇살을, 그 여름을 달콤하고 향기롭게 물들여요. '아니 그냥 과일에 와인 재운 건데, 뭘 그렇게까지…' 싶으신가요? 하지만 '나만의 상그리아 레시피'가 있으신 분들이라면, 지금 '맞아, 맞아' 하면서 손뼉을 치고 계실 거예요. 다음 여름엔 우리 모두 '맞아, 한여름엔 이틀 묵은 상그리아가 최고지!'라고 할 수 있도록, 상그리아 레시피를 알려드릴게요.

일단 기본적으로 상그리아는 싸구려 와인이 있어야 합니다. (비싼 와인을 쓰면 스페인 친구들은 화를 내더군요. 이를테면 고급 안동 소주로 아이스바 넣은 칵테일을 만들어 먹는 걸 보는 기분인가 봐요.) 그리고 여름에 스페인에서 흔한 과일인 오렌지와 복숭아를 껍질째 잘 씻어서 깍둑썰기 해놓습니다. 오렌지 몇 개는 즙을 짜서 큰 유리 주전자에 담아요. 썰어놓은 과일에 설탕, 와인을 추가해서 잘 섞은 다음 냉장고에서 반나절 이상 숙성하면 끝! 여기에 레몬 맛 환타를 넣기도 하는데, 한국에서

는 구할 수 없으니 스프라이트와 레몬즙으로 대신해도 좋아요. 제일 기본적인 상그리아는 이렇게 만들 수 있답니다. 참 쉽죠? 여기서 진짜 맛있는 상그리아를 만드는 꿀팁 여섯 가지를 소개할게요.

하나. 시나몬 스틱(canela, 까넬라)! 마지막에 시나몬 스틱을 넣고 재워놓으면 향도, 맛도 훨씬 더 깊어져요. 스페인에서 먹은 상그리아의 맛이 한국의 것과 다르다면, 아마 이 시나몬 스틱 때문일 수 있어요. 그러나 시나몬 향을 싫어한다면 이건 패스!

둘. 과일이 더 다양해도 좋아요. 사과나 멜론을 넣을 수도 있지요. 과일이 너무 많다 싶으면, 오렌지는 껍질만 얇게 썰어 넣어 향만 내도 좋아요. 오렌지 대신 오렌지 주스를 넣는 것도 방법이에요. 저는 여기에 레몬즙도 꼭 넣어요. 그래야 좀 상큼한 맛이 난달까요!

셋. 음료보다는 술처럼 마시고 싶을 땐 마지막에 오렌지 리큐어를 넣는데, 한국에서는 구하기 어려우니까 대신 사탕수수로 만든 술, 럼을 넣는 것도 좋아요. 모두 집에 럼 한 병 정도는 있잖아요? 없나요? 사실 저도 없어요. 그래서 저는 화요나 매화수를 조심스럽게 추천합니다. 손님용으로 만들 땐 화요, 나 혼자 마실 땐 매화수를 넣지요.

넷. 나는 마음이 급하다! 당장 마시고 싶다! 담그자 마자 바로 마실 거라면, 처음에 과일들을 유리 주전자에 넣고 나서 따뜻한 물을 반 컵 정도 붓고, 그 물에 설탕을 녹이면서 과일들의 숨을 죽인 다음에 와인을 부으세요. 마지막엔 얼음을 잔뜩 넣고요. 비법이라기보다는 반칙에 가까운 방법이

긴 한데, 나쁘지 않아요!

다섯. 정말 맛있는 상그리아를 만드는 방법은, 사실 신선하고 좋은 과일을 넣는 거예요. 과일이 좋으면 나중에 상그리아 속 과일만 덜어서 하나씩 먹어도 너무 맛있더라고요. 특히 복숭아는 딱딱한 것을 추천해요.

여섯. 통조림으로도 진짜 맛있는 상그리아를 만들 수 있어요. 황도 복숭아 통조림 반 개에 사과 반쪽, 오렌지 하나, 레몬은 즙 짜서 넣고 와인 콸콸콸. 여기에 마법의 물약인 통조림 국물과 얼음, 시나몬 스틱을 넣어요. 기호에 따라 술을 추가하면 바로 마셔도 꽤 맛있는 상그리아가 됩니다. 반나절 숙성해도 되지만, 생과일이 아니라서 드라마틱한 차이가 나지는 않아요. (단, 생과일은 무조건 숙성하는 게 맛있어요!)

이런 팁들을 참고해서 집에서 몇 번 만들어보면 나만의 상그리아 레시피가 생길 거예요. '나는 시나몬 스틱 긴 거에 화요 추가', '나는 복숭아 많이, 시나몬 스틱 빼고 매화수 추가' 이런 식으로요. 다음 여름에는 콧노래 부르며 토요일 아침에 상그리아를 만들고, 일요일 저녁을 상그리아로 마무리하며 스페인 여행 루트를 짜고 있을지도 모르겠네요.

샴페인처럼 탄산이 있는 화이트 와인인
'까바'로 만든 상그리아

sangría de cava

상그**리**아 데 까바

핑크 와인으로 만든 상그리아

sangría de vino rosado

상그**리**아 데 비노 ㄹㄹ로**사**도

레드 와인으로 만든 상그리아 (기본)

sangría de vino tinto

상그**리**아 데 비노 **띤**또

화이트 와인으로 만든 상그리아

sangría de vino blanco

상그**리**아 데 비노 **블랑**꼬

잔

copa

꼬빠

상그리아 관련 단어 읽기

피처
jarra
하ㄹㄹ라

1/2 피처
media jarra
메디아 **하**ㄹㄹ라

레몬
limón
(을)리**몬**

시나몬
canela
까**넬**라

TIP 가벼운 와인 칵테일을 마시고 싶다면

상그리아를 파는 곳이라면 띤또 데 베라노(tinto de verano)도 메뉴에 있을 거예요. 번역하면 '여름의 레드 와인'이라는 뜻인데 와인, 얼음, 레몬 맛 탄산음료를 섞은 여름 와인 칵테일입니다. 도수를 높이기 위해 약간의 베르무(vermú, vermut)라는 술을 섞기도 해요. 시원하게 마시기 아주 좋은, 가벼운 칵테일이에요.

02

GO

뽈뽀 먹으러 갑니다

스페인은 어딜 가나 맛있는 것들이 넘쳐나지만, 특히 북부 지역은 미식으로 유명하죠. 식재료 또한 스페인의 다른 지역보다 좋다고 하는데, 그중에 으뜸이라고 일컬어지는 재료가 바로 뽈뽀(pulpo)예요. 문어를 뜻하는 말이죠. 스페인의 문어 요리는 정말 훌륭해요. 북부 지역이 유명하지만, 꼭 그곳이 아니어도 스페인 어디서든 먹을 수 있으니 메뉴에 'pulpo'가 보인다면 일단 시키세요. 무조건 시키세요.

뿔뽀 요리의 기본은 뿔뽀 알라가예가(pulpo a la gallega)라고 해요. 스페인 북서부인 갈리시아 지방 스타일로 조리한 문어 요리란 뜻인데, 데친 문어를 잘라 삶은 감자 위에 얹고 그 위에 소금, 파프리카 파우더, 올리브오일을 뿌리면 끝입니다. 간단하지만 스페인에서 이 요리를 먹고 온 사람이라면 모두가 엄지 척! 하고 추천하는 요리죠. 서빙된 순간, 특유의 향신료 향이 먼저 테이블을 휘어잡습니다. 입에 넣었을 때 퍼지는 고소하고 짭짤한 문어의 맛, 뒤통수까지 퍼지는 것 같은 올리브오일의 향에 눈이 절로 감겨요. 천천히 씹기 시작하면 "와" 소리가 그냥 나옵니다. '이렇게 부드러울 수가 있나? 문어가 원래 이런 맛이었어?' 생각하면서 말이에요.

전통적인 뿔뽀 요리와는 조금 다른 퓨전 스타일의 메뉴들도 종종 볼 수 있어요. 치미추리 소스를 곁들인 문어 요리, 뿔뽀 꼰 살사 치미추ㄹㄹ리(pulpo con salsa chimichurri)는 처음 먹고 이틀 후에 또 가서 먹을 만큼 맛있었어요. 문어 다리의 두툼한 곳부터 가느다란 끝부분까지 식감이 다 다른데 정말 한 번 씹을 때마다 황홀할 정도였답니다. 스페인에 가시면 다양한 뿔뽀 요리를 즐겨보시길 바랄게요.

TIP 치미추리 소스, Chimichurri

치미추리 소스는 아르헨티나에서 고기에 곁들여 먹는 초록색 소스입니다. 파슬리, 오레가노, 마늘, 기름, 식초 등을 베이스로 해서 고기에도 어울리지만 빵에 발라 먹어도 맛있어요. 이 소스는 스페인 음식은 아니지만, 퓨전 요리를 하는 식당에서는 종종 볼 수 있어요. 유튜브에서 'Chimichurri receta'라고 검색하면 만드는 법도 볼 수 있답니다.

문어

pulpo

뿔뽀

갈리시아식 문어 요리

pulpo a la gallega

뿔뽀 알라가**예**가

그릴에 구운 문어

pulpo a la parrilla

뿔뽀 알라빠ㄹㄹ**리**야

문어로 속을 채운 크로켓

croquetas de pulpo

끄로**께**따ㅅ 데 **뿔**뽀

한 접시

una ración

우나 ㄹㄹ라씨**온**

반 접시

1/2 R (media ración)

메디아 ㄹㄹ라씨**온**

삶은 감자

patata hervida

빠**따**따 에르**비**다

엑스트라 버진 올리브오일

aceite de oliva virgen extra (AOVE)

아**쎄이**떼 데 올**리**바 비르헨 **엑**스뜨라

파프리카 파우더

pimentón

삐멘**똔**

굵은 소금

sal gruesa

살 그루**에**사

03

Go

빠에야 먹으러 갑니다

우리나라에 '전주 비빔밥'처럼 지역명을 딴 음식이 있듯 스페인에는 빠에야 발렌씨아나(paella valenciana)가 있어요. '발렌시아식 빠에야'라는 뜻이죠. 한 번쯤 들어보셨을 스페인 음식 빠에야는 스페인 전역에서 먹지만 '원조 빠에야'는 발렌시아 지방의 것이란 걸 알 수 있는 단어입니다.

빠에야(paella)는 아주 오래된 음식인데, 원래는 입구가 긴 토기에 여러 채소와 쌀을 넣어 끓여 먹던, 국물이 넉넉한 찌개 같은 형태의 요리였대요. 시간이 지나며 조리 기구가 흙에서 철로 바뀌고, 모양도 입구가 길지 않은, 지금과 같은 팬의 모습으로 변했어요. 그러다 보니 요리를 하면서 수분이 빠르게 날아가 지금처럼 국물이 없는 쌀 요리가 된 거죠. 쌀이 스페인 전역에서 먹던 곡물은 아니었기에, 원래는 쌀보다 채소가 더 많이 들어가는 음식이었다고 하고요.

'빠에야'라는 이름으로 불리게 된 건 사람들이 철로 된 빠에야 팬을 사용하면서부터라고 해요. 팬 자체를 빠에야라고 부르거든요. 그래서 '빠에야'라고 하면 조리 기구인 팬도 될 수 있고, 거기에 요리한 음식 이름도 될 수 있답니다.

'빠에야 발렌씨아나'라고 불리는 대표적 빠에야에 기본적으로 들어가는 건 이러합니다. 우선 으깬 토마토에, 샤프란 향신료로 색을 냅니다. 껍질째 먹는 납작하고 긴 발렌시아 지방의 콩과, 까서 먹는 하얗고 큰 콩도 들어갑니다. 고기는 닭이나 토끼고기를 씁니다.

우리에게 친숙한 해산물 빠에야는 현지에서는 빠에야 마리네라(paella marinera)라고 불러요. 조개, 홍합, 오징어, 새우나 가재 등 다양한 해산물이 들어가죠. 겨울의 제철 채소들로 만드는 '겨울 빠에야'도 있습니다. 빠에야 데 임비에르노(paella de invierno)입니다. 기본적인 빠에야와 비슷한데, 겨울 채소가 들어가요. 예를 들면 길쭉한 콩 종류인 아바(haba)나, 커다란 꽃봉오리처럼 생긴 채소인 아티초크, 스페인어로 알까초파(alcachofa) 같은 것들이죠.

원래 빠에야는 재료 본연의 맛을 살리는 음식이라 해산물이나 초리소(향신료가 들어간 반건조 소시지)처럼 향이나 맛이 강한 재료는 들어가지 않는다고 해요. 그래서인지 발렌시아 사람들은 해산물과 고기를 섞어서 만든 믹스 빠에야(paella mixta 빠에야 믹스따)는 빠에야로 치지 않는대요. 발렌시아 친구의 말로는 다른 지방에서 빠에야를 먹기 시작하면서 "아무거나 넣고 만들었다"며, 전통에 어긋난다고 하더라고요! 빠에야 믹스따 먹고 싶다는 제게 정색하며 손가락을 까딱까딱하던 이 친구의 표정을 여러분도 보셔야 하는데 말이죠. 그 표정을 보고 나서는 그 어디서도 "빠에야 믹스따 주세요"라는 말을 다시는 못하게 되었어요.

빠에야는 보통 2인분 이상이라서 혼자 여행할 땐 먹기 망설

여지지만, '오늘의 메뉴(menú del día 메누 델 디아)'로 빠에야가 나온다면 혼밥으로도 맛볼 수 있어요. 물론 빠에야 전문집에 가서 크게 한 상 차려놓고 먹는 기분은 안 나지만, 맛보기 정도로는 꽤 괜찮답니다. 빠에야는 발렌시아에서 먹으면 좋겠지만, 발렌시아가 아니더라도 스페인 전역에서 찾아볼 수 있으니 시켜보는 걸 추천합니다.

참! 우리가 한국에서 흔히 생각하는 '먹물 빠에야'는 현지에서는 '빠에야'라고 부르지 않아요. '검은 쌀' 또는 '검은 밥'이라는 뜻으로 아ㄹㄹ로ㅅ 네그로(arroz negro)라고 한답니다.

발렌시아 전통 빠에야

paella valenciana tradicional

빠에야 발렌**씨아**나 뜨라디씨오**날**

채소 빠에야

paella de verduras

빠에야 데 베르**두**라ㅅ

해산물 빠에야

paella de marisco

빠에야 데 마**리**스꼬

오리고기와 버섯이 들어간 빠에야

paella de pato y setas

빠에야 데 **빠**또 이 **세**따ㅅ

해산물, 고기 등 다양한 재료가 들어간 빠에야

paella mixta

빠에야 **믹**스따

팬에 눌어붙은 빠에야 밥(누룽지)

socarrát

소까**랏**

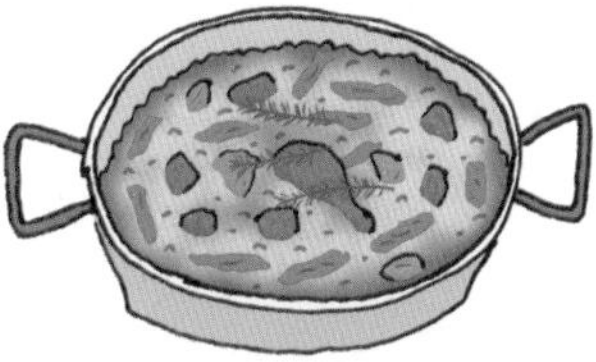

쌀 대신 부러뜨린 파스타 면으로 만든 빠에야

fideuá

피데우**아**

쌀

arroz

아ㄹㄹ**로**ㅅ

쌀로 만든 요리들

arroces

아ㄹㄹ**로**쎄ㅅ

검은

negro

네그로

TIP 먹물 빠에야와 찰떡궁합 알리올리!

알리올리를 그냥 마늘 맛이 알싸한 마요네즈! 라고 하기에는 너무 서운할 만큼 맛있어요. 마늘과 올리브오일을 섞은, 스페인에선 아주 흔한 소스인데요. 우리가 흔히 부르는 먹물 빠에야(arroz negro, 아ㄹㄹ로ㅅ 네그로)에 특히 잘 어울려요. 한번 먹어보면 중독될 수밖에 없답니다. 한국에서도 온라인에서 찾아 주문해 먹는 저는 알리올리 광팬이랍니다. 사실 우리나라엔 이미 너무나 맛있는 소스들이 많아서 아직 빛을 못 본 것 같지만 알리올리가 한국에서도 언젠가 많은 사랑을 받을 거라 믿고 있어요.

04

GO

가스빠초 먹으러 갑니다

스페인 영화의 거장으로 꼽히는 페드로 알모도바르 감독의 영화 〈신경쇠약 직전의 여자들〉을 보면 주인공이 가스빠초(gazpacho)를 만드는 장면이 나옵니다. 새빨간 토마토를 날카로운 칼로 썰고, 여기에 원색의 초록 야채들을 넣고 믹서기에 갈다가 수면제를 넣어 손님들에게 대접하죠. 영화를 처음 봤을 땐, 저 음식이 무엇인지 몰랐어요. 그냥 채소 주스인가 보다, 희한하네 생각하고는 말았는데, 나중에 알고 보니 이게 가스빠초였지요. 첫인상은 세상에서 제일 맛없어 보이는 채소 주스였지만, 지금은 스페인에 가면 24시간 안에 꼭 한 통은 비워버리곤 해요. 스페인 여행을 떠나는 분들께도 꼭 추천하는 음식이랍니다.

가스빠초는 접시에 덜어서 숟가락으로 떠먹으면 수프이고요, 컵에 따라 마시면 음료가 됩니다. 저는 발렌시아 지역에 사는 친구네 집에서 처음 먹었는데, 원래 채소 주스를 좋아하지 않기도 하거니와, 건강을 꽤 챙기는 친구의 입맛에 맞춘 가스빠초는 정말 너무 건강한 맛만 나서 놀랐던 기억이 있어요. 재료를 보면 맛이 상상될 거예요. 일단 토마토가 주재료입니다. 토마토를 갈다가 오이를 넣어요. 색깔만 보면 김장 양념을 만드는 것 같아요. 그다음에는 양파와 마늘을 넣습니다. (이쯤 되면 한 번 끓여야 하는 거 아닌가 싶고요.) 그리고 마지막으로 좀 오래되어서 굳은 빵을 물에 적셔서 넣어요. 빵을 많이 넣으면 더 걸쭉해져서 수프가 되고 조금만 넣으면 훌훌 마실 수 있는 음료가 됩니다. 이 생소한 맛과 향이 조합된 덩어리가 반쯤 담긴 컵을 받아들고, '하, 초코우유 먹고 싶다'는 생각만 하고 있는데, 친구가 고맙게도 입에 안 맞으면 먹지 말라고 해서 나중에 먹는다고 하고 얼른 내려놓았죠.

그리고 몇 년 후 바르셀로나 식당에서 오늘의 메뉴를 시켰는데, 포함된 메뉴 중 첫 번째 음식이 가스빠초더라고요. 딱히 먹고 싶은 다른 메뉴도 없고, 식당에서 나오는 가스빠초는 무슨 맛이려나 궁금하기도 해서 그대로 시켜봤어요. 그리고 천국을 보았습니다. 신이시여, 이것이 가스빠초라는 걸 왜 이제야 알려주시는 겁니까! 흔적도 없이 싹싹 먹어치웠죠.

지금 생각해보면 이 둘의 차이는 아마도 그릇과 올리브오일이 아니었을까 해요. 제 친구는 음료처럼 마시라고 좀더 묽게 만들어서 컵에 따라주었고, 식당에서는 수프처럼 나오니까 빵을 더 넣어서 걸쭉하게 만들었거든요. 그렇게 하나는 컵, 하나는 접시에 담겨 있었으니 여기서도 차이가 있었을 거예요. 이렇게 접시에 가스빠초를 먹을 때면 그 위에 올리브오일을 두어 바퀴 뿌려서 먹는데, 향이 엄청나더라고요. 스페인의 올리브오일은 정말이지 너무 강렬한 식재료예요. 냄새만 맡아도 식욕이 돌고, 입에 한 숟가락 넣으면 바로 그 향이 입안을 온통 채우면서 다른 재료들의 맛과 향까지 업그레이드 해주는 느낌이랄까요. 가스빠초의 새콤하면서도 고소하고, 향기로우면서 동시에 다채로운 맛을 느껴보면 왜 스페인 사람들이 이 음식을 그렇게 많이 먹는지 알 수 있을 거예요. 그리고 더 최고인 건 뭔지 아세요? 이거, 한국에서도 만들어 먹을 수 있다는 거예요!

한국에서 만들어요, 가스빠초!

잘 익은 토마토 한두 개, 마늘 반 알, 오이는 취향에 따라 적당히, 그리고 물에 적신 빵(원래는 며칠 지나서 딱딱하게 굳은 빵을 물에 적셔서 넣는 건데, 말라버린 식빵을 살짝 구운 다음 물에 적셔서 넣기도 하고, 크래커를 적셔서 넣어도 괜찮아요)을 준비해주세요. 이 모든 걸 믹서기에 함께 갈다가 마지막에 올리브오일, 소금을 넣고 살짝 더 갈아줍니다. 그러면 김치 양념 같은 비주얼이 됩니다. 냉장고에 잠시 두면 색이 더 진하게 변해요. 이렇게 냉장고에 뒀다가 차갑게 먹으면 된답니다. 여기에 스페인에서 흔히 볼 수 있는 기다란 피망이나, 취향에 따라 양파를 조금 넣어도 좋은데요. 피망 대신 오이고추를 넣어도 나쁘지 않아요. 현지인 중에도 양파와 오이는 취향에 따라서 안 넣는 사람들도 많으니 이건 맛을 보면서 넣으면 되어요.

주스 같은 식감을 원한다면 여기에 물을 조금 넣어 묽게 만들어 마셔도 되고요. 물을 추가로 더 넣지 않고 이대로 접시에 부어 수프처럼 먹어도 됩니다. 스페인에서는 수프로 가스빠초를 먹을 때면 여기에 삶은 달걀, 잘게 썬 하몽을 토핑으로 뿌려 먹기도 합니다. 이렇게 떠먹는 수프 형태로 먹으면, 중간중간 위에 올리브오일을 추가하며 먹기 쉽겠죠. 저는 처음에 올리브오일을 두 바퀴 뿌려서 먹다가, 반쯤 먹고 난 뒤 또 뿌려 먹는답니다.

TIP 겨울에 가스빠초 먹는 법

가스빠초는 여름 음식이라서 가을, 겨울에는 식당 메뉴에 없어요. 겨울에 먹고 싶을 땐 마트에 가서 팩에 든 가스빠초를 사면 되지요! 다른 주스들과 가격대도 비슷하니, 가볍게 맛볼 수 있어요. 기본 맛은 오리히날(original) 이라고 써 있고, 오이를 싫어한다면 '오이를 뺀'이라는 뜻의 신 뻬삐노(sin pepino)라고 써 있는 걸 고르면 돼요. 살모레호 (salmorejo)라는 것도 있는데, 이건 빵이 좀 더 많이 들어가서 훨씬 걸쭉하고 빵 맛이 많이 나요. 저는 기본 맛을 추천해요. 산책하고 들어와서 살짝 출출할 때 냉장고에서 꺼내 차갑게 마시면 딱 좋거든요! 건강하고 시원하게 공복감을 없애줘요.

가스빠초 재료 단어 읽기

가스빠초
gazpacho
가스**빠**초

오이
pepino
뻬**삐**노

토마토
tomate
또**마**떼

젖은 빵
pan mojado
빤 모**하**도

마늘
ajo
아호

양파
cebolla
쎄**보**야

05

GO

빤 꼰 또마떼 먹으러 갑니다

빤 꼰 또마떼(pan con tomate)는 빵에 간 토마토를 얹은 음식이에요. 'pan'은 '빵', 'tomate는' '토마토', 'con'은 '곁들인'이라는 뜻이고요. 스페인 사람들이 흔하게 즐겨 먹는 아침 식사이기도 하고, 저녁에는 한국에서 공기밥 시키듯 자주 주문하는 사이드 메뉴이기도 해요.

보통 빤 꼰 또마떼는 이렇게 만들어요. 구운 빵에 마늘을 문질러 그 맛과 향이 배게 합니다. 그리고 잘 익은 토마토를 강판에 갑니다. 간 토마토를 빵 위에 올리고, 그 위에 올리브오일을 휙 뿌려요.

우리나라 밥도 잡곡밥, 흰쌀밥, 진밥, 된밥 등 종류가 다양하듯, 빤 꼰 또마떼도 집마다 조금씩 다른 모습을 하고 있어요. 취향에 따라 바게트 빵을 쓰기도 하고, 둥글고 큰 빵을 손바닥 크기 정도로 썰어서 쓰기도 해요. 빵을 굽지 않기도 하고 맨 위에 뿌리는 올리브오일에 미리 허브를 재워두어서 향을 더 감미롭게 하는 집도 있지요. 후추나 파슬리, 고수 또는 아주 얇게 썬 하몽을 위에 얹기도 하고요.

저녁에 술을 한잔하면 빤 꼰 또마떼를 사이드 메뉴로 꼭 시켜보세요. 식당마다 맛이 다 달라서 매번 새로운 빤 꼰 또마떼를 맛보는 재미도 크답니다. 단, 스페인 북동쪽 지역인 까딸루냐에서는 같은 요리가 빤 뚜마까(pan tumaca)라는 이름으로 메뉴에 표기되어 있기도 하니 기억해두면 좋아요.

언젠가 바르셀로나의 한 식당에서 빤 꼰 또마떼를 주문했는데 통마늘과 토마토, 빵을 따로따로 가져다주더라고요. 직접 만들어서 먹어야 한다는 거죠. 만약 이런 경우가 여러분에게도 생긴다면 당황하지 마세요. 일단 마늘 껍질을 까지 않고 반으로 자릅니다. 자른 마늘을 잘 잡고 빵의 한쪽 면에 문질러요. 그다음에는 토마토를 반으로 잘라서 빵에 문지릅니다. 그리고 그 위에 올리브오일을 뿌리면 끝.

빤 꼰 또마떼는 들어가는 재료가 많지 않기 때문에 무게감 있게 잘 구워진 빵이 필요해요. 아주 잘 익은 토마토여야 맛있고요. 하지만 제 생각에 마지막에 뿌리는 올리브오일 향이 맛의 반 이상을 차지하는 것 같아요. 테이블에 딱 도착했을 때 풍기는 그 고소한 빵 냄새, 동공이 확장되는 올리브오일 향! 기대하지 않았던 사이드 메뉴에서 뜻하지 않은 선물을 받는 기분이랄까요. 빤 꼰 또마떼가 맛있는 식당에 갔을 때는 메인 메뉴가 나오기 전에 이것만으로 이미 배가 불렀던 적도 있답니다.

한국에서도 못지않게 맛있는 빤 꼰 또마떼를 만들 수는 있어요. 그러려면 일단 온라인 등으로 스페인 직수입 엑스트라 버진 올리브오일을 구입하고, 옛날 디즈니 만화에서 본 듯한 커다랗고 둔탁한 유럽식 빵이 필요합니다. 토마토는 미리 사서 후숙을 해놓고요. 그런데 이렇게 한국에서 좋은 올리브오일과 유럽식 빵을 구매하면, 스페인에서는 가장 저렴한 사이드 메뉴를 우리나라에선 갈비탕 특 가격에 먹는 꼴이 됩니다. 하지만 스페인에서 맛본 그 음식이 너무 그립거나 궁금할 땐 나만을 위한 작은 사치를 부려보는 것도 나쁘지 않잖아요? 저는 맛있는 빵집을 지날 때면 갓 구운 바게트를 하나 사서 사선으로 썰어 얼려놨다가 후라이팬에 살짝 구워서 빤 꼰 또마떼를 해먹기도 해요.

아, 그리고 중요한 포인트가 있어요. 토마토는 웬만하면 강판 등을 활용해 손으로 거칠게 가는 게 좋은데, 만약 믹서기에 간다면, 절대 물을 추가하지 마세요!

으깬 토마토를 얹은 빵

pan con tomate

빤 꼰 또**마**떼

달지 않은 빵 (식전 빵)

pan

빤 / 빵

매시트 포테이토

puré de patatas

뿌**레** 데 빠**따**따ㅅ

(잎채소만 섞어놓은) 초록 샐러드

ensalada verde

엔살**라**다 **베르**데

다양한 채소들을 섞어놓은 샐러드

ensalada mixta

엔살**라**다 **믹스**따

시저 샐러드

ensalada césar

엔살**라**다 **쎄**사ㄹ

러시아 샐러드❶

ensalada rusa (ensaladilla rusa)

엔살**라**다 ㄹㄹ**루**사

❶ 감자, 당근, 완두콩 등을 마요네즈에 버무린 샐러드로 우리가 흔히 말하는 '사라다'에 가까워요.

TIP 식전 빵, 이렇게 먹어요

식전 빵은 보통 작은 바구니에 담아주거나, 테이블보가 있으면 테이블에 바로 올려주기도 합니다. 그리고 먹을 때에도 접시가 아닌 그냥 테이블에 올려두고 먹는 게 일반적이에요. 빵을 먹을 때에는 바로 입으로 가져가서 베어 물지 않고, 한입에 들어갈 정도로 작게 손으로 뜯어 먹어요. 소스를 찍어 먹는 경우엔, 입으로 베어 문 빵을 다시 소스 그릇에 찍지 않습니다. 테이블에 빵가루가 많이 떨어져도 괜찮으니 냅킨으로 털어내지 말고 그대로 먹으면 되어요.

06

Go

맥주 마시러 갑니다

스페인의 지역 맥주

우리나라에 각 지역을 대표하는 소주가 있듯, 스페인엔 각 지역의 맥주가 있어요. 끝에 꿀 향이 느껴지는 마오우(mahou)는 마드리드 지역 맥주이고요, 한국에서도 쉽게 볼 수 있는 에스뜨레야 담(estrella damm)은 바르셀로나 지역 맥주예요. 갈리시아 지방은 에스뜨레야 갈리씨아(estrella galicia), 그리고 남부에서는 끄루스깜뽀(cruzcampo)라는 맥주를 많이 마셔요. 발렌시아가 위치한 스페인 동쪽에서는 암스뗄(amstel)을 가장 많이 마신다고 해요.

이 중 에스뜨레야 담, 에스뜨레야 갈리씨아의 에스뜨레야(estrella)는 '별'이라는 뜻이에요. 이밖에도 하이네켄이나 기네스 같은 맥주 브랜드에 별이 그려져 있는 걸 자주 볼 수 있지요. 중세시대 유럽에서는, 맥주를 만들어서 파는 곳 입구에 별을 그려놓았다고 해요. 1800년대부터 지금까지 명맥을 이어온 맥주 회사들이 옛날에는 문 옆에 그려두던 별을 지금은 병에 넣는 거랍니다.

생맥주를 주문하고 싶다면

스페인에서 생맥주를 시킬 땐 '맥주'란 뜻의 단어 쎄르베사(cerveza)보다 까냐(caña)란 단어를 더 많이 써요. 잔에 따른 생맥주를 이렇게 부르는데, 기본 사이즈를 까냐, 그의 반 정도 되는 작은 잔은 수리또(zurito), 그리고 기본 사이즈의 두 배 정도 되는 큰 잔은 까뇽(cañón)이라고 해요. 가장 흔히 마시는 사이즈는 까냐이고, 169쪽에서 살펴볼 따빠스(tapas)도 간단한 맥주 안주로 함께 시키는 경우가 많습니다.

병맥주와 끌라라

만약 병맥주를 마시고 싶다면 쎄르베사(cerveza)라고 써 있는 메뉴를 보면 됩니다. 만약 그중에 혹시 아르떼사날(artesanal)이란 단어가 보인다면, 이건 수제 맥주이니 맛보는 것을 추천해요. 마트에도 아주 다양한 병맥주들이 있으니, 집에 갈 때 맘에 드는 병맥주를 사서, 냉동실에 넣어뒀다가 샤워하고 나와서 한잔하는 것도 너무 좋겠죠.

만약에 맥주를 별로 좋아하지 않는다면 끌라라(clara)를 드셔

보세요. 끌라라는 레모네이드와 맥주를 섞은 음료예요. 탄산이 있을 수도, 없을 수도 있는데 사실 레몬 맛 환타에 맥주를 섞은 거라 대부분은 탄산도 있고 달달하죠. 'clara'는 '환한, 맑은'이라는 뜻으로, 맥주에 음료를 섞으면 색이 옅어져서 이런 이름이 붙은 게 아닐까 싶어요. 맛도 보통 맥주보다 가볍고 산뜻해서 특히 여름에 마시기 좋습니다.

하지만 저는 한겨울에 테라스에서 친구들과 점심을 먹을 때 곁들인 끌라라를 잊을 수가 없어요. 한국의 겨울은 주머니에서 손도 꺼내기 싫을 만큼 추운데, 스페인에 가니 한낮에는 햇살도 따사롭고 바람도 보드라운 게 너무 기분이 좋은 거예요. 좋은 친구들과 테라스에서의 야외 식사, 맛있는 것들을 잔뜩 차려놓고 마시는 끌라라 첫 모금, 그 행복! 그때 생각했죠. 여행에서의 이런 순간들이 다시 일상으로 돌아온 나를 일하게 하고, 돈을 모으게 하는구나 하고요. 지금 이 글을 쓰면서도 스스로 되뇌고 있어요. 기다려 끌라라야, 언니가 또 갈게!

맥주와 안주가 세트예요

스페인에 가서 식당 앞에 세워진 입간판을 들여다보면 맥주와 따빠스 하나를 그려놓고, 가격을 써놓은 경우가 있어요. 이건 바로 '까냐 세트 메뉴'입니다. 까냐 한 잔에 따빠스 하나를 세트로 먹을 수 있어요. 그런 가게 안에 들어가 주문할 때 보면 바 위에 따빠스들이 유리 덮개 안에 마련되어 있고, 메뉴판에도 다양한 따빠스 메뉴들이 적혀 있어요.

까냐 세트 메뉴를 시키며 따빠스 중 하나를 고르면 직원이 작은 생맥주 한 잔과 함께 따빠스를 갖다줘요. 가격이 저렴한 곳은 따빠스가 랜덤으로 나오기도 하는데, 여럿이 가면 (조금 과장해서) 전라도에서 푸짐한 반찬과 막걸리 나올 때의 기분이 들기도 해요. 까냐를 추가할 때마다 랜덤으로 따빠스가 나오니 상상치 못했던 메뉴를 하나씩 맛볼 수도 있어요. 물론, 저 '상상치 못했던'에는 팝콘처럼 너무 간단한 스낵이 포함되는 경우도 있어서 언제나 가성비가 좋은 건 아닐지 몰라요. 하지만 여럿이든 혼자든 새로운 메뉴를 경험해보는 재미가 있죠. 언젠가 꼭 한번 주문해보시길 추천해요!

맥주 관련 단어 읽기

맥주

cerveza

쎄르**베**사

수제

artesanal

아르떼사**날**

생맥주 (기본 사이즈)

caña

까냐

생맥주 (caña의 반 정도)

zurito

수**리**또

생맥주 (caña의 두 배)

cañón

까**뇽**

레모네이드와 맥주를 섞은 음료

clara

끌**라**라

병

botella

보**떼**야

작은 (잔)

pequeña

뻬**께**냐

중간 (잔)

mediana

메디**아**나

큰 (잔)

grande

그**란**데

음료

refresco

ㄹㄹ레프**레**스꼬

와인

vino

비노

레드 와인

vino tinto

비노 **띤**또

화이트 와인

vino blanco

비노 **블랑**꼬

로제 와인

vino rosado

비노 ㄹㄹ로**사**도

거품(탄산)이 있는 와인

vino espumoso

비노 에스뿌**모**소

쉐리주[1]

(vino de) Jerez

(비노 데) 헤**레**ㅅ

리큐어, 독주

licor

(을)리**꼬**ㄹ

럼

ron

ㄹㄹ론

진

ginebra

히**네**브라

베르무(유럽 전통주)

vermú / vermut

베르**무**

❶ 스페인 남부 헤레스 지방의 와인. 알코올 도수가 18도 정도로 일반 와인보다 높아요.

07

GO

감바스 알 아히요 먹으러 갑니다

이제는 한국에서도 너무나 쉽게 볼 수 있는 감바스 알 아히요(gambas al ajillo). 감바스 알 아히요(발음은 '감바ㅅ 알 아히요'예요.)에서 'gambas'는 '새우'라는 뜻이고, 'al ajillo'는 '마늘 맛과 향이 밴 기름에 요리한 것'을 가리키는 말이에요. 그래서 감바스 알 아히요는 '마늘 기름에 요리한 새우'가 되는 거죠. 새우가 아닌 다른 고기를 넣으면, 감바스 자리에 그 고기 이름을 대신 넣으면 됩니다. 닭고기(pollo, 뽀요)를 요리하면 뽀요 알 아히요(pollo al ajillo), 해산물(mariscos, 마리스꼬ㅅ)을 넣으면 마리스꼬ㅅ 알 아히요(mariscos al ajillo)가 되는 거죠. 스페인에선 토끼고기도 먹는데, 꼬네호 알 아히요(conejo al ajillo)라고 하면 '마늘 기름에 요리한 토끼 고기'가 됩니다.

감바스 알 아히요는 정말 만들기 쉽습니다. 그래서 저는 여러분께 이 요리를 소개해드릴 지금을 애타게 기다리고 있었어요. 우리나라에서도 스페인 현지에서 먹는 것처럼, 아니, 그보다도 더 맛있게 해 먹을 수 있거든요! 재료도 단순하고, 재료 손질도 크게 할 것 없이 간단해요. 한 번 하면 최소 두 끼는 엄청 맛있게 먹을 수 있어 1인 가구에 안성맞춤입니다. 심지어 플레이팅을 크게 신경 안 써도 그럴싸해서 손님을 초대했을 때 내놓기도 좋은 만능 메뉴랍니다. 이제 만들러 가볼까요? 재료부터 준비할게요.

감바스 알 아히요 재료

1. 냉동 새우. 새우는 익으면 작아지니까 최대한 큰 게 좋아요. 생물보다는 껍질이 손질된 냉동 새우가 편합니다.
2. 올리브오일. 이탈리아 혹은 스페인산 올리브오일이면 더 풍미가 좋아요. 비싸니까 일반 올리브오일도 괜찮지만, 사실 이 요리는 올리브오일이 거의 다 하는 거라서 향 좋은 올리브오일이 있다면 금상첨화!
3. 마늘. 마늘이 아무리 많이 들어간다고 해도, 한국인 기준으로는 얼마 안 되니까 그냥 작은 한 주먹 정도 준비해도 좋아요. 조금 많다 싶으면, 마늘은 7~9개 정도를 편으로 썰어주세요.
4. 페페론치노. 이게 들어가고 안 들어가고는 하늘과 땅 차이예요. 페페론치노 대신 청양고추를 넣으면 어떨까 살펴봤지만, 아무래도 페페론치노가 답입니다. 살짝 매콤한 정도가 좋다면 통으로 2~4개 넣고, 매운 걸 좋아한다면 2~3개는 통으로, 나머지 1~2개는 찢어서 넣어주세요.
5. 빵. 있어야 합니다. 국물을 찍어 먹어야 해요. 꼭이요. 바게트 빵이나 두툼한 빵이 가장 좋지만, 식빵이나 모닝빵도 좋아요. 토스트를 해도 괜찮지만, 저는 빵을 안 구워야 국물이 잘 스며들어서 먹기 편하더라고요.

만드는 법은 3 스텝!

1. 조금 깊은 후라이팬 혹은 냄비에 올리브오일을 부어요. 쪼르륵 따르는 거 아니에요, 붓는 겁니다. 새우가 올리브오일에 거의 다 잠길 때까지요. 생각보다 기름이 많이 들어갑니다.
2. 기름이 살짝 달궈지면 불은 약불로 하고, 편으로 썰어놓은 마늘을 넣어요. 그다음에는 새우를 넣는데요, 저는 마늘이 거의 타기 직전까지 기름에 볶다가 새우와 페페론치노를 넣는 걸 좋아해요. 이렇게 하면 기름에는 마늘 향이 배어 있고, 살짝 탄 것 같은 마늘도 새우가 들어가면 색깔이 조금 옅어지거든요. 페페론치노는 초반에 넣으면 타버릴 수 있으니까 새우랑 같이 넣어주거나, 양이 많으면 새우가 좀 익었을 때 넣어도 좋아요.
3. 약한 불에서 계속 끓입니다. 중간중간 살짝씩 저어주면서 소금 간을 해요. 새우가 익는 사이, 바게트 빵을 썰어놓습니다. 새우가 다 익으면 요리 끝! 냄비째로 먹거나, 그릇에 덜어 먹으면 됩니다. 식으면 느끼해지니까, 되도록이면 냄비째로 먹는 걸 추천해요.

감바스 알 아히요에 브로콜리나, 피망 같은 채소를 넣을 수도 있지만 저는 추천하진 않아요. 브로콜리는 기름을 너무

먹어버리고, 피망은 넣으면 음식 향이 달라지거든요. 뭔가 더 먹음직스럽게 만들고 싶다면 접시에 담은 후 파슬리 가루만 위에 살짝 뿌려보는 건 어떨까요.

본격적인 먹부림은 이제 시작입니다. 이렇게 한차례 감바스를 먹고 나면 기름이 조금이라도 남을 텐데요. 만약 안 남았다면, 다시 기름을 조금 더 넉넉히 부어주세요. 왜냐하면 남은 기름에 **감바스 이마스**(gambas y más, 감바스 이마스)를 만들어야 하거든요!

이건 사실 스페인 전통 음식은 아니고, 제가 지어낸 거예요. 감바스 알 아히요를 먹고 또 다른 무언가를 더 먹는다는 뜻으로 만들어봤어요. 'y más'는 영어로 'and more'라는 뜻이에요. 우리말로 풀어 쓰면 '먹고 또 먹는 감바스 알 아히요' 정도랄까요. 흔히 남은 감바스 알 아히요 기름에 면을 넣어서 파스타로 먹기도 하죠. 그런데 사실 파스타까지 다 먹기엔 이미 식사를 끝낸 상태라 배가 부르잖아요. 그렇다고 아무것도 안 먹기에는 분위기가 무르익었고요. 그래서 만들게 된 요리가 감바스 이마스랍니다. 각종 야채와 남은 재료를 넣어서 비교적 가볍고 맛있게 식사를 이어갈 수 있어요.

감바스 이마스 만드는 법!

1. 감바스 알 아히요를 한 냄비나 팬을 (설거지 금지!) 다시 불에 올립니다. 그리고 만약 남은 새우가 있다면, 넣으세

요. 다른 해산물도 뭐든 넣어도 돼요.

2. 그리고 토마토를 넣습니다. 빨리 먹고 싶다면 잘게 썰어서, 급하지 않다면 사등분해서 넣어요. 토마토가 익으며 껍질이 벗겨지면 껍질은 건져주세요.
3. 냉장고 털기의 차례입니다. 남은 마늘도 더 넣어주고요, 가지나 버섯류도 꽤 잘 어울리니 있다면 꼭 넣어보세요. 피망, 시금치, 양파, 샐러리 같은 채소도 이때는 주저 말고 넣어보세요. 여기에 마지막으로 오레가노를 넣습니다. '외국 맛' 내기에는 이만한 게 없죠.
4. 이렇게 넣고 자글자글 끓이면 끝! 마지막에 취향에 따라서 레몬즙이나 치즈를 뿌려주세요. 여기에 버터 한 조각 올려서 내놓으면 근사한 두 번째 요리 완성! 감바스 알 아히요가 에피타이저였나 싶을 정도로 멋진 메뉴가 나온답니다.

이렇게 감바스 알 아히요 같은 요리들은 깊이가 있는 팬이나 냄비 등에 요리를 하는데요. 이런 조리 도구를 **까수엘**라(cazuela)라고 해요. 여기에 담겨 나오는 메뉴는 국물이 있어서 빵과 곁들여 먹으면 좋아요. 단, 빤 꼰 또마떼는 곁들여 먹기에는 조금 짤 수 있으니, 개인적으로는 간이 안 된 그냥 빵을 추천합니다.

해물 스튜

cazuela de mariscos

까**수엘**라 데 마**리**스꼬ㅅ

감자 스튜

cazuela de patatas

까**수엘**라 데 빠**따**따ㅅ

내장 스튜

cazuela de mondongo

까**수엘**라 데 몬**동**고

렌틸콩 스튜

cazuela de lentejas

까**수엘라** 델-렌**떼**하ㅅ

곡물을 고기나 생선 육수에 끓인 스튜

guiso / guisado

기소 / 기**사**도

마카로니 스튜

guiso de fideo

기소 데 피**데**오

고기 스튜

guiso de carne

기소 데 **까**르네

고기, 병아리콩, 당근 등의 채소를 뭉근히 끓인 요리

cocido

꼬**씨**도

조개(바지락) 스튜

almejas a la marinera

알**메**하ㅅ 알-라 마리**네**라

양고기 스튜 (라만차 지방의 스튜 요리)

caldereta de cordero

깔데**레**따 데 꼬르**데**로

병아리콩과 초리소 스튜

callos con garbanzos y chorizo

까요ㅅ 꼰 가르**반**소ㅅ 이 초**리**소

감자가 곁들여진 갈비 스튜 (서양식 갈비찜)

patatas con costillas

빠**따**따ㅅ 꼰 꼬스**띠**야ㅅ

홍합 스튜

mejillones a la marinera

메히**요**네ㅅ 알-라 마리**네**라

08

GO

따빠스 먹으러 갑니다

스페인 여행 중, 저녁 식사를 해야 할 때면 저는 크게 세 가지 옵션을 생각하곤 했어요. 1번, 마트에서 장을 봐서 내 마음대로 요리하기. 2번, 근사한 레스토랑에 가서 여행 온 기분 만끽하기. 3번, 숙소에서 멀지 않은 따빠스집에 가서 맥주 한 잔에 따빠스(tapas) 해치우고 오기.

혼자 여행을 할 때가 많다 보니, 주로 1번이 저의 저녁 식사였죠. 식재료가 비교적 저렴한 스페인에서는 장을 보는 것도 신나고, 현지의 신선한 재료로 요리하는 건 더 신나니까요! 그러다 종종 나를 위한 선물을 해주고 싶을 때는 2번을 선택했어요. 유명 맛집도 좀 알아보고, 후기도 보면서 가장 만족스러울 만한 레스토랑을 찾아내는 거죠. 그렇지만 친구를 만날 땐, 무조건 3번입니다. 앞에서 살펴봤듯, 따빠스는 스페인식 다양한 안주를 뜻하는 말입니다. 이렇게 다양한 안주들과 함께 생맥주를 먹고 마시는 걸 **따뻬오**(tapeo)라고 해요. 스페인에선 저녁 식사를 밤 9시, 10시에 시작하는데요. 보통 9시부터 본격적으로 따뻬오를 하기 시작합니다.

스페인 음식을 말할 때 절대 빼놓을 수 없는 따빠스는, '뚜껑'이란 뜻의 단어 **따빠**(tapa)에서 유래된 이름이에요. 옛날에는 술을 주문하면 서비스로 빵이나 하몽 조각 등 간단한 안주를 곁들여 내주었는데, 사람들이 그걸 술잔에 얹어놓았다고 해요. 술에 먼지나 벌레가 들어가지 않게 하려고요. 그래서 술과 함께 먹던 간단한 음식들을 모두 뚜껑, '따빠'로 부르게 되었죠. 이제는 빵이나 하몽 조각을 넘어서 수백가지의 따빠스 메뉴들이 생겼어요. 따빠스를 먹으러 가는 게 하나의 식사 문화가 된 것이지요.

가장 많이 먹는 따빠스는?

따빠스는 술과 함께 먹는 모든 안주를 뜻해요. 사람들이 가장 많이 먹는 따빠스는 '스페니쉬 오믈렛'이라고도 불리는 또르띠야 데 빠따따스(tortilla de patatas)입니다. 감자를 어슷어슷하게 썰어 미리 기름에 익힌 뒤 속이 깊은 후라이팬에 달걀을 잔뜩 풀어, 감자에 듬뿍 넣고 섞어 천천히 전부 익혀내는 요리입니다. 이 요리는 두껍게 만들수록, 그리고 또 그 두꺼운 걸 잘 뒤집을수록 고수로 인정받는다고 하는데, 다 만들어지면 조금 과장해서 거의 무지개떡같이 두껍게 된답니다. 사람마다 양파를 넣기도 하고, 가운데만 촉촉하게 덜 익히는 경우도 있고 아예 바짝 익히는 스타일도 있어요. 저는 개인적으로 촉촉한 걸 좋아하는데, 파는 걸 보면 보통은 푹 익히더라고요.

다음으로 소개할 대표적인 따빠스도 감자 요리입니다. 빠따따스 브라바스(patatas bravas)예요. 깍둑썰기 한 감자를 튀기고, 그 위에 살짝 매콤한 브라바 소스를 얹은 요리죠. 브라바 소스는 케첩과 비슷한 소스예요. 브라바 소스 말고 알싸한 마늘 맛이 나는 마요네즈 소스인 알리올리를 뿌릴 수도 있고요. 이렇게 하면 빠따따스 알리올리(patatas ali oli) 완성입니다.

저는 요즘 한 달에 열흘은 아침에 일어나 에어프라이어로 빠따따스 브라바스를 해 먹어요. 감자를 깍둑깍둑 썰고, 올리브오일에 버무린 다음 에어프라이어에 200도로 15분 굽습니다. 다 되면 한 번 섞어서 8분 추가로 돌리면 끝! 여기에 스페인에서 사온 알리올리 소스 무심하게 턱 올려 따끈따끈하게 먹으면 아침 식사로 훌륭하죠. (물론 스페인에서는 빠따따스 브라바스를 아침식사로 먹지는 않아요. 앞에서 말했듯 어디까지나 저녁 메뉴거든요.)

가끔 여기에 삐멘똔(pimentón)이라는, 향이 독특한 붉은 고춧가루를 뿌리기도 하는데 이걸 뿌리면 바로 지금, 여기가, 스페인이 됩니다. 향이 엄청나거든요. 심지어 한국에서도 어렵지 않게 구매할 수 있어요. '파프리카 파우더'라고 검색하면 바로 나옵니다. 아쉽게도 브라바 소스는 아직 한국에서 쉽게 찾아볼 수 없는데, 케첩에 뭔가를 섞으면 되겠지 싶었던 것과 달리, 제대로 만드는 건 생각보다 어렵고 번거롭더라고요. 채수나 닭고기 육수에 식초, 으깬 토마토, 파프리카, 마늘, 양파 등을 끓였다가 식혀 만든다고 해요. 브라바 소스는 현지에 가서 먹어보는 걸로 해요!

국민 따빠스 top3에 드는 또 다른 따빠스는 저렴하면서도 맛있는 끄로께따스(croquetas), 바로 '고로케'예요. 우리가 아는 고로케보다 훨씬 작고 내용물이 부드러워요. 어떤 내용물이 들어갔는지 말할 때는 "끄로께다ㅅ 데"(croquetas de)라고 하고, 그 뒤에 속재료를 붙여 말해요. 가장 기본 메뉴로는 하몽 크로켓(croquetas de jamón 끄로께다ㅅ 데 하몽), 참치 크로켓(croquetas de atún 끄로께다ㅅ 데 아뚠), 하몽과 치즈 크로켓(croquetas de jamón y queso 끄로께다ㅅ 데 하몽 이 께소)이 있어요. 저처럼 느끼한 걸 좋아하고, 잘 드시는 분이라면 분명 좋아할 거예요.

조금 특별한 따빠스를 먹고 싶다면

스페인에 가서 꼭 먹어봐야 하는 따빠스 중 하나로 올리브도 있습니다. 올리브는 올리바ㅅ(olivas) 또는 아쎄이뚜나ㅅ(aceitunas)라고 부르는데 검정, 녹색, 연두색 등 여러 색을 띠고 있고, 허브나 향신료를 함께 재워놓은 절임까지 종류도 아주 다양해요. 씨가 있던 자리에 앤초비를 채워넣은 것도 유명한데, 한번 맛 들이면 빠져나올 구멍이 없습니다. (다만, 정신이 혼미해질 만큼 짜요!) 식당에서 주문할 땐 살짝 덜 익었다거나, 너무 짜다고 느껴질 수도 있으니 조금만 시켜 맛보는 정도면 충분해요. 평소엔 올리브를 별로 좋아하지 않더라도, 꼭 시도해보세요. 스페인의 올리브는 한국에서 먹어봤던 올리브와는 완전히 다른 음식이니까요!

따빠스 메뉴판을 보면 몬따디또ㅅ(montaditos)란 단어도 볼 수 있을 거예요. 이건 어슷썰기 한 바게트 빵에 무언가를 올린 것을 뜻하는 말이에요. 'montado'가 '올라탄'이라는 뜻이거든요. 올린 재료를 말할 때는 "몬따디또ㅅ 데"(montaditos de) 뒤에 재료 이름을 붙여 말해요.
저는 앤초비를 올린 것도 좋아하는데, 입맛에 따라 너무 짜서 먹기 힘들 수도 있고 호불호가 강하게 나뉘는 재료예요.

하지만 새로운 시도는 재밌으니까 한 번쯤 드셔보시는 것도 조심스레 추천합니다. 앤초비처럼 냄새와 맛이 강한 또 다른 재료로 염소 치즈(queso de cabra 께소 데 까브라)도 꼽을 수 있는데요. 저도 이건 좀 어렵더라고요. 치즈라면 무조건 입에 넣고 보는 사람이지만, 향이 꽤 강한 염소 치즈가 나오면 기권합니다. 그래도 극한의 새로운 경험을 즐기신다면 도전!

랜덤 따빠스 투어

맥주 이야기를 할 때, 154쪽에서 따빠스는 생맥주 한 잔과 세트로 나오는 곳들도 있다고 말씀드렸는데요. 이 점을 잘 활용해 다양한 가게를 방문하며 랜덤 따빠스 투어도 시도해 보세요.

만약 따빠스를 고를 수 있는 상황이라면 기본에 충실한 메뉴를 고르는 것도 좋아요. 기본 맛이라고 해도 식당마다 다르니까요. 빠따따스 브라바스, 또르띠야 데 빠따따스, 감바스 알 아히요 같은 메뉴들을 먹어보며 맛을 비교해보는 거예요. 여기는 또르띠야가 촉촉한 편이군, 여기는 빠따따스에 올린 소스가 꽤 매콤한데? 이렇게 맛집 놀이 하는 거, 너무 재밌잖아요. 그것도 밤 10시쯤, 스페인어가 잔뜩 들리는 왁자지껄한 스페인 바에 앉아서, 한 손에 시원한 생맥주를 들고요!

스페니쉬 오믈렛

tortilla de patatas

또르**띠**야 데 빠**따**따스

브라바 소스를 얹은 감자튀김

patatas bravas

빠**따**따스 브**라**바ㅅ

크로켓(고로케)

croquetas

끄로**께**따ㅅ

감자 참치 마요 샐러드

ensaladilla

엔살라**디**야

스페인식 미트볼

albondigas

알**본**디가ㅅ

깨진 달걀[1]

huevos rotos

우에보ㅅ ㄹㄹ**로**또ㅅ

[1] 감자튀김, 튀긴 하몽 위에 반숙 달걀 프라이를 터뜨려 먹는 음식

꼴뚜기

chipirones

치삐**로**네ㅅ

팬에 구운 꼴뚜기

chipirones a la plancha

치삐**로**네ㅅ 알-라 **쁠란**차

꼴뚜기 튀김

chipirones fritos

치삐**로**네ㅅ **프리**또ㅅ

튀김옷을 입혀서 튀긴 꼴뚜기

chipirones rebozados

치삐**로**네ㅅ ㄹㄹ레보**사**도ㅅ

오징어

calamares

깔라**마**레ㅅ

뼈오징어

sepia

세삐아

피순대

morcilla

모르**씨**야

삶은 문어와 감자

pulpo a feira

뿔뽀 아 **페이**라

올리브

aceitunas / olivas

아세이**뚜**나ㅅ / 올**리**바ㅅ

뭉갠 토마토를 얹은 빵

pan con tomate

빤 꼰 또**마**떼

바게트 빵 위에 안주를 올린 요리

montaditos

몬따**디**또스

속 재료를 말할 때 쓰는 표현

~의 (영어의 of)

~ de

데

ex.

참치로 만든/참치가 들어간

~ de atún

데 아**뚠**

연어로 만든/연어가 들어간

~ de salmón

데 살**몬**

새우로 만든/새우가 들어간

~ de gambas

데 **감**바ㅅ

안심으로 만든/안심이 들어간

~ de solomillo

데 솔로**미**요

베이컨으로 만든/베이컨이 들어간

~ de panceta

데 빤**쎄**따

09

Go

삔초스 먹으러 갑니다

삔초스는 발음은 삔초, 쓸 때는 pincho 또는 pintxo라고 씁니다. 저녁에 술과 곁들여 먹는 안주 같은 음식인데요, 간단히 말하자면, 삔초스도 따빠스와 비슷한 음식이라고 보시면 됩니다. 다만 삔초스는 바게트 빵 위에 식재료들을 올리고 꼬치로 꽂아 고정한 모습일 때가 많아요. 삔초스는 스페인어로 '꼬치'라는 뜻이기도 하거든요. 식재료들을 바게트 빵 위에 수북하게 쌓고, 그것들을 꼬치로 한 번에 쑥 찔러놓은 거예요. 필요하지 않을 땐 꼬치가 없지만, 일단 밑에 있는 바게트 조각이 안쓰러워질 정도로 정말 많은 재료를 올리기 때문에 꼬치로 고정할 때가 많죠.

그런데 사실 스페인에서도 '따빠스'와 '삔초스'의 차이를 정확하게 구분하지 못한다고 해요. 그도 그럴 것이 서로 겹치는 메뉴들도 많고, 둘 다 안주라는 큰 틀 안에 있거든요. 굳이 따지자면 따빠스는 더 광범위해요. 절인 올리브도 따빠스가 될 수 있으니까요. 그러나 삔초스는 좀더 요리에 가깝죠. 조리도 조금 더 하고, 재료도 다양하게 들어가고, 플레이팅을 해서 내놓아야 삔초스라고 불릴 수 있어요.

또, 삔초스는 원하면 포크와 나이프를 주지만 기본적으로 손으로 먹는 음식이에요. 반면 따빠스는 포크와 나이프가 대부분 같이 나옵니다.

마지막으로 따빠쓰는 생맥주와 함께 나오는 세트 구성이 있지만 삔초스는 그런 게 없습니다. 이게 가장 큰 차이인 것 같기도 해요. 따빠스는 지역에 따라 생맥주를 시키면 무료로 제공하는 곳도 있다던데, 삔초스는 하나하나 돈 주고 사 먹어야 하는 음식이죠.

삔초스 바에 가볼까요

스페인에는 삔초스 바가 있습니다. 일반 식당과는 다른 점을 우선 하나 꼽자면 테이블과 의자가 모두 높아요. 그냥 서서 먹는 거라고 봐도 될 정도로요. 제대로 식사를 한다기보다는 가볍게 술과 음식을 먹는 데에 초점이 맞춰져 있어요. 한 집에서 가볍게 먹고 마신 다음 옆집으로 가서 또 다른 삔초스를 먹는 식으로 다양한 삔초스와 맥주를 오랫동안 즐기기도 한답니다.

대부분의 메뉴들은 바(bar) 혹은 카운터 위에 진열되어 있어요. 회전초밥집인데 초밥이 회전하지 않고 줄지어 놓여 있는 것과 비슷하달까요. 그래서 들어가기 전에 이 집의 삔초스를 스캔할 수 있습니다. '오, 여기 맛있어 보인다!' 싶으면 바로 들어가면 돼요. 캐주얼한 분위기이기 때문에 테이블에 알아서 자리잡은 다음 바에 가서 직접 주문하면 됩니다. 이것도 다르죠. 보통 식당은 앉아서 직원을 불러 주문하는데, 삔초스 바에서는 대부분 바에 가서 직접 주문을 해요. 그리고 아무래도 진열대에 있는 음식을 보면서 고르는 게 재밌고요. 맛있어 보이는 것들을 보면 손가락으로 가리키며 다음과 같이 주문하면 됩니다!

"이거랑 이거랑 이거요."

에스또, 에스또, 이 에스또

Esto, esto y esto.

이렇게 주문하면 메뉴 이름을 몰라도 정확하게 주문할 수 있죠. 여러 개를 골랐을 땐 '총 몇 개입니다'라는 뜻으로 **"엔 또딸"**(en total)이란 표현 다음에 숫자(개수)를 붙여 말해보세요. 삔초스는 종류가 많아서 지정된 번호로 주문하기도 하니, 숫자 읽는 법을 기억해두면 여러모로 요긴할 거예요.

삔초스는 뭘 먹든 개당 가격이 같은 곳이 많아요. 가격이 다른 건 이름표 아래에 '+1 Euro' 같은 식으로 추가금이 써 있고요. 그러니까 메뉴 이름 아래에 가격이 따로 안 적혀 있다면 기본가인 거죠. 기본가는 '얼마예요?'라는 뜻으로 **"꾸안또 에ㅅ"**(¿Cuánto es?)라고 물으면 알 수 있어요. 직원이 맨 처음 말하는 숫자가 '유로'이고, 여기까지는 잘 들리실 거예요. 그다음에 좀 긴 숫자를 말하면 그게 '센트'인데, 정확하게 안 들린다면 그냥 올림을 해서 계산해보세요. 비싼 메뉴들은 아니어서 '대략 몇 유로 정도 하는구나'까지만 알아도 몇 개 먹으면 얼마 정도겠다 하고 예상될 거예요.

삔초스 바에서 쓰는 표현

이거

에스또

esto

주세요

뽀르파**보**ㄹ

por favor

다 해서 ~개입니다

엔또**딸**

en total ~

얼마예요?

꾸**안**또 에ㅅ

¿Cuánto es?

데워주세요

멜로깔리**엔**따, 뽀르파**보**ㄹ

¿Me lo calienta, por favor?

삔초스 바에서 쓰는 표현

차가워요

에스**따** 프리오

Está frío

차갑게 먹는 건가요?

세꼬메 **프리**오

¿Se come frío?

이렇게 먹는 건가요?

세꼬메 아**씨**

¿Se come así?

포크와 칼 주세요

꾸비**에**르또ㅅ, 뽀르파**보**ㄹ

Cubiertos, por favor

1~19 숫자 읽기		
1 uno 우노	2 dos 도ㅅ	3 tres 뜨레ㅅ
4 cuatro 꾸아뜨로	5 cinco 씽꼬	6 seis 세이ㅅ
7 siete 씨에떼	8 ocho 오초	9 nueve 누에베
10 diez 디에ㅅ	11 once 온세	12 doce 도세
13 trece 뜨레쎄	14 catorce 까또르쎄	15 quince 낀쎄
16 dieciséis 디에씨세이ㅅ	17 diecisiete 디에씨씨에떼	18 dieciocho 디에씨오초
19 diecinueve 디에씨누에베		

20~100 숫자 읽기		
20 veinte **베인**떼	21 ~ 29 veinti + uno, dos … nueve	
21 veintiuno 베인띠**우**노	22 veintidós 베인띠**도**ㅅ	26 veintiséis 베인띠**세**이ㅅ
30 treinta **뜨레**인따	40 cuarenta 꾸아**렌**따	50 cincuenta 씽**꾸엔**따
60 sesenta 세**센**따	70 setenta 세**뗀**따	80 ochenta 오**첸**따
90 noventa 노**벤**따	31 ~ 99 십 단위 y + uno, dos … nueve	
31 treinta y uno 뜨레인따이 **우**노	99 noventa y nueve 노벤따이 **누에**베	100 cien 씨엔

9 3
8 7 6
5 1
2
4

10

Go

커피 마시러 갑니다

드디어 여러분과 카페에 가는군요! 너무 좋아요. 스페인의 커피는 최고거든요. 현지에 가서 커피 마시고 "진~짜 맛있다!"라고 안 하는 사람을 본 적이 없습니다. 앞으로 소개할 몇 가지 팁만 읽어두시면, 저 '진~짜 맛있는' 커피의 맛을 두 배로 즐기실 수 있을 거예요. 그리고 한국에 돌아오면 "스페인 커피? 진~짜 맛있더라" 하실 거라 믿어요. 상상만 해도 벌써 제가 다 뿌듯합니다.

먼저 스페인어로 커피는 까페(café)라고 하고, 커피를 마시는 곳은 까페떼리아(cafetería)라고 해요. 커피를 까페떼리아에서만 마실 수 있는 건 아니죠. 바에서도 커피는 기본으로 팔고, 식당에서도 후식으로 커피를 마실 수 있어요. 그러나 커피와 곁들여 먹는 샌드위치나 빵은 까페떼리아에 가야 있습니다. 나는 커피 한잔하면서 배도 좀 채우고 싶어! 하면 까페떼리아를 가고, 그냥 커피만 한 잔 빠르게 마시고 가던 길 간다! 하면 바에 가세요. 식사 후 입가심으로 커피 한 잔 마시는 건 레스토랑에서 하고요. 우리는 오늘 까페떼리아에 갈 거예요.

커피 뒤에 마법의 세 문장 중 하나, '주세요'란 뜻의 뽀르파보ㄹ(por favor)를 더하면 "커피 한 잔 주세요"(Un café, por favor 운 까페 뽀르파보ㄹ)라는 말이 됩니다. 그런데 이렇게만 말하면 분명히 까페떼리아 직원이 뭔가 더 물어볼 거예요. 커피 종류가 여러 가지니까요. 종류별로 소개할게요.

스페인에는 다양한 커피가 있어요

1. 꼬르따도(cortado)

에스프레소에 우유를 조금 섞은 커피입니다. 개인적으로 꼭 추천하고픈 메뉴입니다. 우유 양이 적어서, 아주 작은 잔에 나와요. 자판기 종이컵보다 훨씬 작고, 소주잔보다는 조금 큰 사이즈에요. 이렇게 작은 잔에 귀엽게 나오는 커피가 그렇게 맛있더라고요. 커피 향이 아주 강한데, 아주 맛있어요. 아침에 한 잔 마시면 전원 딱! 들어오는 그런 느낌!

2. 까페 꼰 레체(café con leche)

까페라떼예요. 스팀 우유에 에스프레소를 넣은, 우리가 알고 있는 그 까페라떼인데요, 우유 양이 한국보다는 조금 적은 경우가 많아요. 연하게 마시고 싶다면 "꼬르또 데 카페"

(corto de café)라고 하면 됩니다. 커피를 조금(짧게)만 넣어달라는 뜻이어서, 에스프레소를 덜 넣어줄 거예요. 같은 말을 "(을)라르고 델-레체(largo de leche)"라고도 해요. 우유를 많이(길게) 넣어달라는 뜻이죠. 반대로 커피를 진하게 달라고 하고 싶다면, "꼬르또 델-레체"(corto de leche)또는 "(을)라르고 데까페"(largo de café)라고 하면 되겠죠?

3. 까페 에스쁘레소(café espreso)

에스프레소입니다. 까페 솔로(café solo) 라고도 불러요. 아주 작은 전용 잔에 나오죠.

4. 까펠-라르고(café largo)

에스프레소에 뜨거운 물을 아주 조금 섞은 커피입니다. 뜨거운 물을 섞었다고 하지만 그 양이 아주 적어서, 에스프레소 잔에 나옵니다.

5. 까페 아메리까노(café americano)

에스프레소에 뜨거운 물을 많이 섞은 커피예요. 아메리카노라고 보시면 됩니다. 우리가 흔히 아는 커피잔에 나옵니다. 때때로 유리잔에 에스프레소를 삼분의 일 정도 넣고, 뜨거운 물은 작은 주전자에 담아 따로 내어주는 곳도 있어요.

물 양을 취향에 맞게 섞어 마실 수 있으니 좋더라고요. 일반적으로는 이미 섞여 한 잔으로 나오고, 한국보다는 조금 더 맛과 향이 강한 편이에요.

6. 까페 봄본(café bombón)

꼬르따도와 비슷한 사이즈의 컵에 나오는 아주 단 커피에요. 연유로 컵의 삼분의 일 정도를 채우고, 그 위에 에스프레소를 얹으면 끝. 당도가 엄청납니다!

7. 까페 까라히요(café carajillo)

꼬냑이나 위스키 같은 도수가 센 술과 에스프레소를 섞은 커피에요. 흔히 마시는 커피는 아니지만, 특별한 커피를 마셔보고 싶다면 도전해보세요.

8. 까페 만차도(café manchado)

(을)레체 만차다(leche manchada)라고도 불러요. 직역하면 '얼룩진 우유'라는 뜻이에요. 우유와 커피를 섞는데 에스프레소를 반 샷 정도만 넣습니다. 우유 양이 많다보니 고소합니다. 주문할 때는 "운 만차도, 뽀르파보ㄹ"(un manchado, por favor)라고 말하면 됩니다. 저는 카페인이 부담스럽거나 디카페인 커피가 따로 없을 때 까페 만차도를 시키곤 했어요.

9. 까페 꼰 이옐로(café con hielo)

'얼음을 곁들인 커피'라는 뜻의 커피입니다. 그런데 우리가 생각하는 '아이스 아메리카노'는 아니에요. 실제로 주문하면 '에스프레소 온더록'에 가까워서 주문하면 에스프레소 한 잔, 그리고 얼음이 담긴 유리컵이 나올 거예요. 그러면 기호대로 커피에 설탕을 넣어 녹이고, 그다음에 얼음이 든 잔에 부어서 마시는 거예요. 위스키 온더록처럼요.

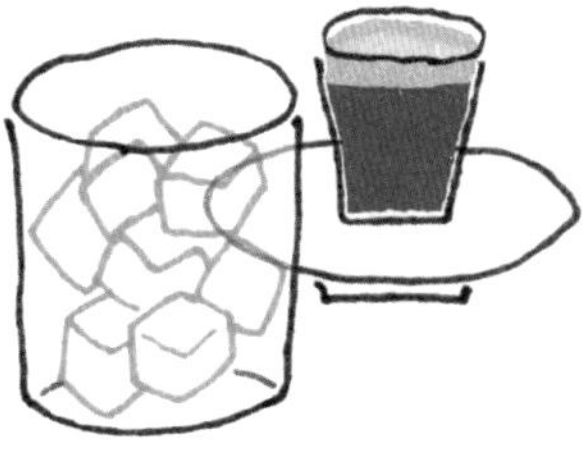

10. 까페 데스까페이나도(café descafeinado)

디카페인 커피입니다. 스페인에서는 커피를 디카페인으로 주문하는 것이 어렵지 않은 편이에요. 하루에 몇 잔씩 커피를 마시는 문화인데, 카페인 섭취가 어려운 사람도 있으니 어떻게 보면 당연한 거겠죠. 디카페인으로 시킨다고 해도 대부분 추가 금액이 없습니다. 주문할 때 마지막에 '디카페인 커피로 주세요'라는 뜻으로 "꼰 까페 데스까페이나도"(con café descafeinado)라고 한마디만 덧붙이면 돼요. 디카페인 옵션뿐만 아니라 우유도 다양하게 고를 수 있는 카페가 많으니, 취향에 맞게 골라 마셔보세요.

커피는 주로 뜨겁게 먹어요

참고로, 중남미 지역에서는 아무리 더워도 커피는 뜨겁게 마시는 편이에요. 지금이야 대형 커피 전문점들이 생겨서 프라푸치노도 낯선 음료가 아니지만, 오래된 전통 바에 가면 차가운 커피는 팔지 않는 경우가 많아요. 심지어 "(그 친구네 갔는데) 커피마저도 차갑게 주더라고"라는 표현을 쓰기도 하는데 이건 "(그 친구네 갔는데) 나를 대놓고 무시하더라고, 나는 신경도 안 쓰더라니까"라는 뜻으로 쓰는 말이랍니다. 다 식은 커피를 주다니, 커피는 뜨겁게 마시는 건데! 이런 느낌이랄까요. 우리로 치면, 친구네 집에 손님으로 갔는데 찬밥 신세였다는 정도의 뉘앙스라고 보시면 돼요.

TIP 아이스 아메리카노가 마시고 싶다면?

우리가 흔히 아는 아이스 아메리카노를 마시고 싶다면, 까페 꼰 이엘로보다는 까페 에스프레소(까페 솔로)나 까페 라르고에 생수를 같이 시키는 편이 더 나아요. 그리고 이때 얼음도 한 컵 부탁하는 거죠. 그런 다음, 얼음이 든 컵에 에스프레소를 넣고, 취향껏 차가운 생수를 부으면 아이스 아메리카노 완성! 이때 알아야 하는 단어는 딱 두 가지예요. 생수를 뜻하는 아구아 미네랄(agua mineral) 그리고 얼음 한 컵을 의미하는 움바소데 이엘로(un vaso de hielo), 그리고 각각의 단어 뒤에 '주세요'란 뜻의 뽀르파보ㄹ(por favor)를 붙여 말해주시면 됩니다.

우유 관련 단어 읽기

일반 우유

leche entera

(을)레체 엔**떼**라

저지방 우유

leche semidesnatada

(을)레체 세미데스나**따**다

무지방 우유

leche desnatada

(을)레체 데스나**따**다

락토프리 우유

leche sin lactosa / leche deslactosa

(을)레체 신 락**또**사 / (을)레체 데슬락**또**사

우유 관련 단어 읽기

두유

leche de soja

(을)레체 데 **소**하

귀리 우유

leche de avena

(을)레체 데 아**베**나

아몬드 우유

leche de almendras

(을)레체 데 알**멘**드라ㅅ

쌀 우유

leche de arroz

(을)레체데 아ㄹㄹ**로**ㅅ

코코넛 우유

leche de coco

(을)레체 데 **꼬**꼬

뜨거운 음료

bebidas caliente

베비다ㅅ 깔**리엔**떼ㅅ

차

té

떼

녹차

té verde

떼 **베**르데

민트차

té de menta

떼 데 **멘**따

(우려 마시는) 차

infusión

인푸시**온**

캐모마일

manzanilla

만사**니**야

핫초코

chocolate caliente

초꼴라떼 깔**리엔**떼

차가운 음료

bebidas frías

베비다ㅅ 프**리아**ㅅ

차가운 음료

refrescos

ㄹㄹ레프**레스**꼬

주스

zumo

수모

오렌지 주스

zumo de naranja

수모 데 나**랑**하

프라푸치노

granizado

그라니**사**도

생수

agua mineral

아구아 미네**랄**

생수 (탄산이 없는 물)

agua sin gas

아구아 싱-**가**ㅅ

탄산수 (탄산이 있는 물)

agua con gas

아구아 꽁-**가**ㅅ

까페떼리아에서 쓰는 표현

디카페인으로 주세요

데스까페이나도, 뽀르파보ㄹ

descafeinado, por favor

시럽은 어디에 있나요?

돈데 띠에네 엘 시로뻬

¿Dónde tiene el sirope?

거품 많이 내주세요

꼰 무차 에스뿌마, 뽀르파보ㄹ

Con mucha espuma, por favor

거품 없이 주세요

신 에스뿌마, 뽀르파보ㄹ

Sin espuma, por favor

크림 많이 주세요

꼰 무차 끄레마, 뽀르파보ㄹ

Con mucha crema, por favor

아주 뜨겁게 주세요

무이 깔리엔떼, 뽀르파보ㄹ

Muy caliente, por favor

생과일인가요?

에ㅅ 나뚜랄?

¿Es natural?

이 밖의 표현들

덜 뜨겁게 주세요

메노ㅅ 깔리엔떼, 뽀르파**보**ㄹ

Menos caliente, por favor

덜 쓴 건 무엇인가요?

꾸알-레ㅅ 메노ㅅ 아마르고

¿Cuál es menos amargo?

산미가 덜한 건 무엇인가요?

꾸알 띠에네 메노ㅅ 아씨**데**ㅅ

¿Cuál tiene menos acidez?

향이 풍부한 건 무엇인가요?

꾸알 띠에네 마ㅅ 아로마

¿Cuál tiene más aroma?

까페 사진을 찍어도 되나요?

뿌에도 또마ㄹ 포또ㅅ 델-라 까페떼**리**아

¿Puedo tomar fotos de la cafetería?

11

GO

보까디요 먹으러 갑니다

십여 년 전, 스페인에 여행을 갔다가 무료 도시 투어가 있다길래 신청한 적이 있어요. 대학에서 역사를 전공 중이라던 가이드는 마드리드 도심을 함께 걸으며 '내가 세상에서 제일 신기하고 재밌는 걸 알려줄게!'라는 눈빛으로 두 시간 넘게 이곳저곳을 안내해주었는데 지금도 그 눈빛이 기억나요. 자기 일을 사랑하는 사람은 저런 눈빛을 갖게 되는구나, 하고 감동했거든요. 투어 마지막에 "나의 가이드가 재밌었다면 팁을 줘도 좋아!"라고 했을 때 저는 하루 숙박비의 반을 선뜻 냈습니다. 자그마치 5유로씩이나요. (당시 하루 11유로짜리 도미토리에 묵고 있었거든요.)

그 투어 코스에는 카페 방문 일정도 있었는데, 커피가 맛있는 집이라며 데려가더라고요. 같이 갔던 사람들은 자연스럽게 커피나 샌드위치를 하나씩 시켰고, 저도 뭐라도 먹어야 할 것 같은 분위기라 가장 저렴한 1.3유로짜리의 뭔가를 시켰는데, 그게 보까디요(bocadillo)였어요. 바게트 빵과 빵 사이에 아무것도 없어 보이는 간단한 모양새이길래 저기에 풀떼기라도 좀더 넣어주겠지 했는데 정말 맨 빵에 얇디얇은 하몽 몇 장 끼워놓은 걸 그대로 데우지도 않고 줬어요. 보까디요는 바게트 빵 사이에 하몽이나 치즈 같은 걸 끼운 샌드위치라는 건 나중에 알았어요.

아니, 이게 원래 이렇게 먹는 건가. 동양인이라고 차별하나(아님). 좀 데워달라고 하면 이상한 걸까. 하, 다른 거 시킬걸. 오만 생각을 다 했어요. 한입 베어 물었는데, 하몽은 비리고, 반쯤 먹으니 입천장은 다 까지고 목도 막히더라고요. 그 와중에 짜기는 짜고. 더 이상 못 먹겠는데 그래도 또 음식이니까 버리지는 못하고, 그래서 냅킨에 싸서 가방에 챙겼는데, 투어 끝나고 숙소에 와서 보니 가방에 있던 수첩에 하몽 기름이 다 번지고, 가방 안은 하몽 비린내가 진동해서 난리도 아니더라고요. 비바람 불던 그날 먹은 보까디요가 제게 남긴 건 하몽 비린내 나는 가방과 다 까진 입천장뿐이었기에 저는 그 이후로 보까디요를 시킨 적이 없었어요. 쳐다도 보지 않았죠. 저거는 돈 주고 사먹는 음식이 아니라면서.

그리고 몇 년 후, 다시 스페인 여행을 갔을 때예요. 출출하하지만 어디 들어가 앉아서 먹을 시간은 없는데 마침 샌드위치랑 이것저것 파는 것 같은 까페떼리아가 보였어요. 샌드위치나 하나 사서 나올 생각에 들어갔다가, 어찌된 영문인지 보까디요를 사서 나왔습니다.

"양파 안 들어간 샌드위치 있나요?"
"지금 샌드위치가 없어요."
"가볍게 먹을 만하고, 빠르게 나오는 거 뭐 있어요?"
"하몽 보까디요 드릴게요, 맛있어요."
"아…."
"여기요."

이런 대화가 오갔던 것 같아요. 약 10분 후 저는 바르셀로나 우체국 앞 계단에 앉아서 초코우유와 함께 방금 산 하몽 보까디요를 꺼냈습니다. 그리고 한입 베어 물었어요. 그런데 세상에, 이게 뭐야! 뭐 이렇게 맛있는 게 있어! 하며 충격에 빠졌습니다. 이게 보까디요라면, 그때 내가 먹었던 그 비린

내 나고 지우개 같던 음식은 무엇인가? 그때 그 까페떼리아는 가이드 말대로 정말 맛집이 맞았을까? 아무것도 안 먹고 싶으면 안 먹어도 된다고 해놓고 계속 엽서는 얼마라고 옆에서 얘기했던 건 왜지? 되짚어볼수록 거기서 먹었던 보까디요와 열정 가득한 눈빛이 인상 깊었던 역사학도 가이드, 오랫동안 수첩에서 나던 싸구려 하몽 기름 냄새가 뒤죽박죽 섞이며 어딘가 당한 것 같은 기분이 들더라고요.

그렇지만 마음을 다잡았습니다. 나의 멋진 과거를 빛바래게 할 수는 없어요. 그 보까디요는 비가 와서 맛이 없던 거고, 그 가이드는 자기소개 할 때 말했듯이 '역사를 사랑하는 전공생인데, 본인이 사랑하는 마드리드를 알리고 싶어서 자원봉사를 하는 것'이 맞으며, 나는 그날 아주 멋진 투어를 했던 걸로 추억을 고이 담아두기로요. 대신 여러분께는 진짜로 맛있는 보까디요와 맛없는 보까디요 구분하는 법을 알려드릴게요.

맛있는 보까디요 찾는 법!

일단, 회전율이 중요해요. 손님이 많은 곳으로 가야 합니다. 사람이 별로 없는 동네 작은 구멍가게 같은 바에서 파는 건 살짝 위험해요. 왜냐하면 보까디요는 그날 구운 빵이어야 맛있거든요. 상상해보세요, 김에다가 흰밥만 싸서 먹을 건데, 갓 지은 고슬고슬 흰밥이냐, 아니면 어제 한 밥이냐. 이건 천지 차이인 거죠. 당연히 고슬고슬 흰밥이 압승 아닐까요? 마찬가지로 빵은 그날 갓 구운 것이어야 합니다. 그래서 저는 '365' 같은 체인점 까페떼리아를 추천해요. 평타는 칩니다. 아니, 사실 되게 맛있어요!

두 번째는 하몽 선택하기! 하몽은 등급에 따라서 가격이 달라지는데, 크게 두 종류가 있다고 보면 돼요. 이베리꼬(ibérico)와 세라노(serrano). 이베리꼬는 스페인의 돼지 품종이에요. 세라노(발음은 '세ㄹㄹ라노' 예요)는 우리가 흔히 아는 흰 돼지예요. 그런데 하몽을 바게트 빵에 넣어서 보까디요를 만들어 한입 베어 물었을 때, 이게 이베리꼬인지 세라노인지 먹어보고 딱 알아채기는 어렵다고 해요. 마치 쌈장을 콕 찍어먹고는 '이것은, 어디 콩으로 어느 지역에서 만든 된장이다!' 라고 알기 어려운 것처럼요. 그러나 보까디요를 파는 곳 대부분의 가게에는 세라노와 이베리꼬를 모두 구비해놓으니, 두 맛에 차이가 있는 건 분명하겠죠? 저는 다시 맛있는 보까디요를 먹었던 우체국 앞 계단으로 돌아가볼게요.

우와, 우와 하면서 보까디요를 먹던 그 순간, 겉은 바삭, 속은 쫀득했던 고소한 빵! 그 사이에 간을 적절히 맞춰준 토마토 소스! 적당히 짜면서 풍미 가득했던 (전혀 비리지 않은) 하몽! 그리고 향이 황홀했던 올리브오일! 이렇게나 맛있는데 재료가 고작 이것만 들어갔을 리가 없다며 한입 먹고 빵을 열어보고, 또 한입 먹고 열어 볼 정도로 정말 맛있었어요.

보까디요는 빵 사이에 뭘 넣느냐에 따라 이름도 조금씩 바뀌는데, 어딜 가나 있는 건 하몽, 혹은 하몽과 치즈를 넣은 보까디요예요. (참고로 그냥 샌드위치는 바게트 빵이 아닌 식빵을 사용한다는 차이점이 있어요.) 바게뜨 빵 사이에 감자 오믈렛인 또르띠야 데 빠따따ㅅ(tortilla de patatas)나 오징어 튀김인 깔라마레ㅅ 프리따ㅅ(calamares fritas)를 넣은 것도 종종 볼 수 있지만, 일단 스페인에 가셨다면 하몽을 넣은 보까디요 데 하몽(bocadillo de jamón)은 꼭 드셔보셨으면 합니다. 여러분의 첫 보까디요 데 하몽은 어떤 맛일지 벌써 궁금해요.

세라노 하몽이 들어간 보까디요

bocadillo de jamón serrano

보까**디**요 데 하몽 세ㄹㄹ**라**노

이베리꼬 하몽이 들어간 보까디요

bocadillo de jamón ibérico

보까**디**요 데 하몽 이**베**리꼬

오징어 튀김이 들어간 보까디요

bocadillo de calamares

보까**디**요 데 깔라**마**레ㅅ

또르띠야 데 빠따따ㅅ가 들어간 보까디요

bocadillo de tortilla de patatas

보까**디**요 데 또르띠야 데 빠**따**따ㅅ

하몽에 작은 라벨이 붙어 있는 이유는

하몽 다리를 자세히 보면 라벨이 붙어 있어요. 이 라벨은 등급과 어떤 돼지로 만든 것인지를 표시하는 역할을 해요. 라벨에는 총 네 개의 색깔이 있는데, 색마다 등급이 다릅니다. 하몽 전문점에 가시면 아이스크림 콘처럼 생긴 것에 맛보기로 하몽을 조금씩 썰어두곤 하는데요. 하나씩 맛보면서 라벨을 살펴보면 더 재미있을 거예요.

검정 라벨은 씨엔 뽀르 씨엔또 이베리꼬 데 베요따(100% ibérico de bellota)예요. 100퍼센트 이베리꼬 돼지 사이에서 태어난 순종이며 산에서 도토리를 먹고 자랐다는 뜻이지요. 가장 비싼 하몽입니다.

빨간색 라벨은 이베리꼬 데 베요따(ibérico de bellota)라고 해요. 이베리꼬 품종 비율이 50퍼센트에서 75퍼센트 정도이며, 검정 라벨과 마찬가지로 도토리를 먹고 자란 돼지예요.

초록색 라벨은 쎄보 데 깜뽀 이베리꼬(cebo de campo ibérico)라고 불러요. 이베리꼬 품종은 50퍼센트 이상으로 곡식이나 콩, 사료를 먹고 자란 돼지로 만든 하몽을 뜻합니다.

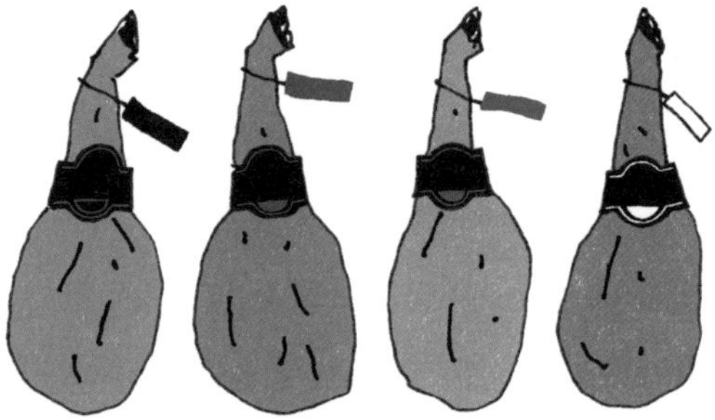

마지막으로 흰색 라벨은 쎄보 이베리꼬(cebo ibérico)라고 해요. 이베리꼬 품종은 50퍼센트 이상 섞인, 방목하지 않고 축사에서 자연산 사료를 먹고 자란 돼지로 만든 하몽이란 뜻입니다.

마트에서 하몽 살 때 같이 사면 좋은 빵, '삐꼬'

하몽 전문점도 좋지만, 대형 마트에서도 하몽을 많이 팝니다. 맥주 몇 캔과 함께 진공 포장된 하몽을 하나 사오면 좀 더 저렴하게 즐길 수 있어요. 이때, 세라노와 이베리꼬를 사서 비교해보며 먹는 것도 재밌겠죠! 그리고 이때 잊지 말아야 할 것이, 삐꼬(picos, 삐꼬ㅅ)예요. 손가락보다 짧은 크기의, 과자에 가까운 딱딱한 빵이에요. 삐꼬를 하몽과 같이 먹어보세요. 마트에서 한 봉지에 1유로면 살 수 있습니다. 삐꼬에 하몽을 감싸서 먹거나, 옆에 두고 곁들여 먹어요. 하몽의 짠맛도 잡아주고, 딱딱한 빵이라 그런지 목이 막혀서 술이 더 잘 들어갑니다. 하몽과 예쁘게 플레이팅 해서 먹으면 기분이 좋아지고요. 마트에 가면 삐꼬, 과일, 치즈를 몇 가지 사서 숙소에 돌아오세요. 맥주든 와인이든 함께 먹으면, 하루의 완벽한 마무리가 될 거예요.

12

GO

추로스 먹으러 갑니다

스페인 여행 중인 하루를 상상해보세요. 아침 일찍 일어나 비몽사몽한 상태에서 일단 물을 한 모금 마시고, 화장실에 갔다가, 모자만 푹 눌러쓰고 밖으로 나갑니다. 그리고 추로스(churros) 집으로 직진! 길가에 있는 높은 테이블에 자리가 있다면 눈으로 찜해두고 (절대 가방으로 찜하면 안 돼요! 주문하고 오면 가방 없습니다.) 얼른 가게 안으로 들어가 추로스를 시킵니다.

"추로스랑 핫초코 주세요."

추ㄹㄹ로ㅅ 꼰 초꼴라떼, 뽀르파보ㄹ

Churros con chocolate, por favor.

이렇게 말하고, 5유로짜리 지폐를 건넨 뒤, 거스름돈을 받으면 확인도 안 하고(확인해야 합니다. 저도 거스름돈 잘못 받은 적이 여러 번 있어요.) 얼른 야외 테이블에 앉습니다. 그리고 사람들과 산책하는 강아지를 구경해요. 그렇게 있다 보면 직원이 따끈한 추로스를 가져다줘요. 바삭하고 쫄깃한 추로스를 설탕만 뿌린 상태에서 한입 먹어요. 그다음에는 초꼴라떼(chocolate)에 적셔서 한입 먹습니다. 그러면 그날의 행복지수 급상승 성공!

이 초꼴라떼는 일반 핫초코와는 달라요. 추로스를 찍어먹는 소스에 가까운데요. 묽어서 호로록 마실 수 있는 게 아니라 마치 호박죽처럼 걸쭉해요. 일반 핫초코보다는 색깔이 더 연하고요. 가게마다 다르겠지만 단맛이 덜한 곳도 많고요. 아무튼, 추로스를 초꼴라떼에 푹 담갔다가 입으로 가져가려면, 아무리 코어가 단단한 사람이어도 등이 굽고 어깨가 말릴 수밖에 없어요. 초꼴라떼를 조금만 찍을 수는 없고, 많이 찍으면 입까지 가져가는 동안 한 방울이라도 테이블에 흘리기 아쉬워서 머리를 최대한 잔 쪽으로 숙여 먹게 되거든요. 하루는 이렇게 먹고 있다가 반려견과 산책하던 사람이랑 눈이 마주쳤어요. '저걸 저렇게 게걸스럽게 먹을 일인가'라는 표정을 마주해서 조금 민망했지만, 어쩌겠어요. 그게 제가 추로스에 할 수 있는 최대한의 예의인걸요.

저만 이렇게 행복하게 추로스를 먹는 건 아닐 거예요. 스페인에서는 추로스로 해장을 한다고 하니, 전날 술을 거나하게 마시고 힘겹게 눈을 뜬 청년들도 그럴 거예요. 출근길에 약간의 여유가 생긴 배고픈 회사원들도 그렇겠지요. 마드리드에는 1894년에 문을 연 추로스집이 있어요. (San Ginés라는 가게인데, 한국 여느 맛집 카운터보다 유명인들 사진과 싸인이 많은 유명 맛집이랍니다.) 그러니 백 년 전에도 행복한 추로스 애호가들이 있었겠죠. 기원전에도 스페인(또는 다른 이름으로 불리던 이 지역)에는 밀가루, 물, 기름, 소금과 설탕을 섞어 튀긴 음식이 있었다고 하니, 추로스는 아주 오랫동안 이 땅에 사는 사람들의 달콤한 아침 식사이자 간식이었을 거예요.

추로스 옆에 크루아상

아침으로 추로스를 먹는다면, 아마 그 옆에 크루아상도 보일 거예요. 아, 스페인의 크루아상은 정말 맛있습니다. 버터가 얼마나 들어갔는지, 손으로 살살 찢기만 해도 손가락이 기름에 반질반질해져요. 하지만 전혀 느끼하지 않아요. (사실 조금 느끼할 수는 있지만 그건 커피가 알아서 처리합니다.) 크루아상은 프랑스 음식이지만 스페인도 한 크루아상 합니다. 배가 좀 고프다면 크루아상을 반 잘라서 만든 샌드위치를 드셔보세요.

이렇게 추로스도 팔고 크루아상도 파는 곳이라면 그 가게엔 맛있어 보이는 게 또 있을 거예요. 분명히 있어요. 그러면, 그것도 주문해보세요. 저는 가끔 그런 생각을 해요. 이게 뭐냐고 물어봐도 어차피 돌아오는 말을 내가 제대로 알아듣지 못할 가능성이 농후하다, 그렇다면 방법은 먹어보는 것뿐! 물론 저는 스페인어를 구사하지만, 같은 식재료인데도 스페인과 중남미가 각각 다르게 부르는 경우도 있고, 제게도 생소한 단어들이 많아요. 그러니, 그냥 먹어봅니다. 아주 좋은 방법이지요? 여러분, 그냥 "**에스또 뽀르파보ㄹ**"(esto, por favor), '이거 주세요' 하고 먹어보세요. 그러면 돼요. 맛있으면 기분이 좋을 테고, 맛없으면 추억이 쌓이겠죠.

추로스 관련 단어 읽기

추로스와 초콜라떼

churros con chocolate

추ㄹㄹ로ㅅ 꼰 초꼴**라**떼

핫초코[1]

chocolate caliente

초꼴**라**떼 깔리**엔**떼

뽀라[2]

porra

뽀ㄹㄹ라

토스트

tostada

또스**따**다

~를 얹은 토스트

tostada con ~

또스**따**다 꼰

달걀을 얹은 토스트

tostada con huevo

또스**따**다 꼰 **우에**보

1. 뜨거운 우유와 핫초코 가루를 줍니다.
2. 추로스와 비슷한 모양이지만 더 두껍고 크고 폭신하게 튀긴 빵. 설탕을 뿌려 먹지 않는다고 해요.

추로스 관련 단어 읽기

아보카도를 얹은 토스트

tostada con aguacate

또스**따**다 꼰 아구아**까**떼

하몽을 얹은 토스트

tostada con jamón

또스**따**다 꼰 하**몽**

샌드위치

sándwich

산드위ㅊ / **상**구이ㅊ

크루아상[1]

croissant / cruasán

끄루아**상**

바게트 샌드위치

bocadillo

보까**디**요

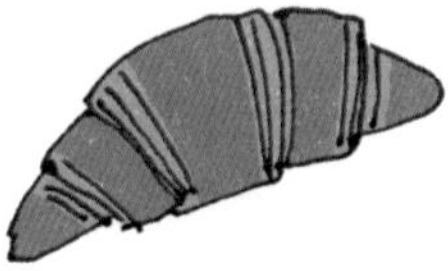

파운드 케익 같은 폭신폭신하고 달콤한 빵

bizcocho

비스**꼬**초

[1] 스페인어로는 cruasán이지만, 사실 croissant(프랑스어)이라고 써놓은 집이 많아요.

타르트

tarta

따르따

케익

pastel

빠스**뗄**

잼

mermelada

메르멜**라**다

덩어리가 살아있는 잼

confitura

꽁피**뚜**라

버터

mantequilla

만떼**끼**야

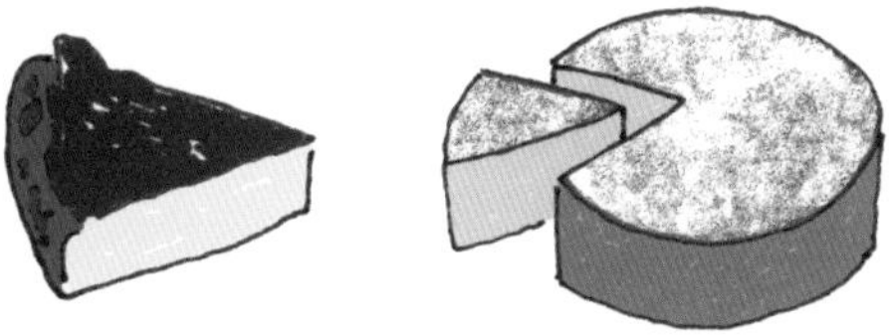

13

GO

메뉴 델 디아 먹으러 갑니다

식당 앞에 세워진 칠판 입간판, 그리고 거기에 어김없이 쓰여 있는 Menú del día(메뉴 델 디아)라는 큰 글씨. 배고픈 점심시간, 길을 걷다가 이 단어를 본다면 든든히 먹을 수 있다는 사실 하나는 믿고 그곳에 들어가도 됩니다. 메뉴 델 디아는 직역하면 '오늘의 메뉴'라는 뜻이지만, 우리로 치면 구첩반상의 느낌이 나는 한정식 백반 같은 음식이거든요.

'메뉴 델 디아'는 스페인어권 나라라면 어디에서든 접할 수 있는 메뉴입니다. 딱 점심때에만 판매하는데, 어느 나라에서든 점심 특선 메뉴를 코스로 먹어볼 수 있어요.

스페인의 메뉴 델 디아는 전채 – 첫 번째 메뉴 – 두 번째 메뉴 – 디저트 순으로 구성되어 있어요. 여기에 기본적으로 음료와 빵까지 포함되어서 혼자 다양한 음식을 먹어보기에 아주 좋습니다. 지역에 따라 차이가 있지만 중남미에서는 보통 샐러드 – 수프 – 메인 메뉴 – 디저트 순으로 구성되어 있고요.

스페인을 기준으로 말하면, 집집마다 차이가 있지만 보통 전채로는 입맛을 돋우는 샐러드류가 나오고, '첫 번째 메뉴'에는 수프나 탄수화물 종류인 밥이나 파스타가 나와요.

그냥 쌀밥이 아니라 쌀로 한 요리가 나오는 거라, 사실 여기까지만 먹어도 배가 부를 수도 있답니다. 그다음, 두 번째 메뉴에는 해산물이나 소, 돼지, 닭 등의 고기 요리가 나옵니다. 음료는 보통 글라스 와인, 맥주, 물, 탄산음료 등이 있고, 디저트는 커피나 차, 아이스크림, 푸딩, 과일 같은 것 가운데 고를 수 있어요.

이를테면 전채로는 토마토 소스로 속을 채운 가지에 아스파라거스와 치즈를 얹어 오븐에 구운 요리, 첫 번째 메뉴로는 마카로니가 들어간 닭고기 수프, 두 번째 메뉴로 소고기 구이, 그리고 디저트로는 꼬르따도 한 잔을 마시는 거죠. 실제로 이렇게 먹은 적이 있는데, 이날 저는 거의 자리에서 못 일어날 뻔했어요.

이렇게 밥을 먹고 또 밥을 먹는 건, 삼겹살에 냉면 먹고 후식으로 볶음밥 먹는 우리에게 크게 유별난 일은 아니지만, 어떤 음식이 어느 정도 나오는지 감이 안 잡히는 상황에서는 난감할 수 있으니 초반에 너무 빠르게 많이 먹으며 달리지 않기로 해요. 스페인어권 나라들은 식사 시간이 꽤 길어요. 점심시간에 느긋하게, 하나씩 음미하면서 메누 델 디아로 다양한 음식을 즐겨보세요.

이렇게 푸짐하고 다양하게 가성비도 챙기면서 기분 좋은 식사를 할 수 있는 메누 델 디아의 유일한 단점은 주문이 쉽지 않다는 겁니다. 첫 번째 메뉴와 메인 메뉴인 두 번째 메뉴는 매일 다른 3~5가지 정도의 메뉴가 있어서, 이 중에서 하나씩 선택해야 하거든요. 게다가 메뉴판에 메누 델 디아가 있는 곳도 있지만, 조금 작은 식당이나 현지인을 대상으로 하는 식당은 매일 바뀌는 메뉴들을 작은 종이에 써서 보여주며 선택하라고 합니다. 그리고 이 메모지는 필기체로 되어 있을 때도 많습니다. 다시 말해, 사진이나 그림이 있는 메뉴판이 따로 없는 경우가 대부분이라는 거예요.

매번 메뉴판에 있는 단어들을 다 검색하는 건 번거롭죠. 메누 델 디아에 단골로 나오는 단어들이 있으니 이런 것들은 미리 알고 있으면 좋습니다.

샐러드

ensalada

엔살**라**다

수프

sopa

소빠

빵

pan

빵

소고기[1]

ternera

떼르**네**라

돼지고기

cerdo

쎄르도

닭고기

pollo

뽀요

[1] res(ㄹㄹ레ㅅ) 또는 carne de res(까르**네** 데 ㄹㄹ레ㅅ)라고 쓰기도 해요.

생선

pescado

빼스**까**도

해산물

marisco

마**리**스꼬

면

fideo

피**데**오

밥

arroz

아ㄹㄹ**로**ㅅ

와인

vino

비노

맥주

cerveza

쎄르**베**사

물

agua

아구아

소스

salsa

살사

~를 곁들인

con ~

꼰

메누 델 디아를 주문할 때는

단어가 너무 많다면, 여러분이 좋아하는 재료를 기억하는 것도 좋아요. 아니면 직원에게 추천해달라고 해도 좋아요. 주문할 때 유용한 문장을 몇 가지 알려드릴게요.

뭘 추천해주시겠어요?

께메ㄹㄹ레꼬**미엔**다 (우스**뗀**)

¿Qué me recomienda usted?

추천 해주시는 건 뭔가요?

꾸알레수ㄹㄹ레꼬멘다**씨온**

¿Cuál es su recomendación?

추천해주시는대로 할게요

(을)로께메ㄹㄹ레꼬미**엔데** 우스**뗀**

Lo que me recomiende usted

이때, 아래와 같은 말을 가볍게 더하면 상대방이 추천해주기 조금 더 수월할 거예요.

나는 소고기를 좋아해요

메구스딸라 떼르**네**라

Me gusta la ternera

고기가 많이 없으면 좋겠어요

노끼에로 무차까르네

No quiero mucha carne

나는 비건이에요

소이 베가나(여자)

소이 베가노(남자)

Soy vegana

Soy vegano

나는 많이 먹지 않아요

요노꼬모 무초

Yo no como mucho

나는 가볍게 먹고 싶어요

끼에로 알골-리헤로

Quiero algo ligero

나는 배가 많이 고파요

뗑고 무차암브레

Tengo mucha hambre

소화하기 힘들지 않았으면 좋겠어요

께노세아 무이뻬사도

Que no sea muy pesado

스페인스러운 음식을 먹어보고 싶어요

끼에로 알고 띠삐까멘떼-에스빠뇰

Quiero algo típicamente español

몇 가지 주의해야 할 점을 알려드릴게요. 간혹, 골라야 하는 첫 번째와 두 번째 요리 이름 옆에 suplemento(수쁠레멘또) 라고 써 있는 걸 볼 수 있는데, 이건 추가 요금이 있는 메뉴라는 뜻이에요.

그리고 메뉴판에 첫 번째 요리 primer plato(쁘리메르 쁠라또), 두 번째 요리 segundo plato(세군도 쁠라또) 단어 대신 옵션 1, 2라는 뜻으로 opción 1(옵씨온 우노), opción 2(옵씨온 도스)로 쓰여져 있거나 숫자만 1º(쁘리메로, 첫 번째), 2º(세군도, 두 번째) 이렇게 표기하는 가게도 있어요.

식당에 따라 세 가지 코스를 다 먹지 않고, 전채와 첫 번째 메뉴, 또는 전채와 두 번째 메뉴만 먹을 수 있는 곳도 있어요. 예를 들어 코스를 다 먹었을 때의 가격이 18유로라면, 전채와 첫 번째 메뉴만 먹으면 12유로, 전채와 두 번째 메뉴만 먹으면 14유로, 이런 식으로 가격이 달라지는 거지요. 배가 많이 고프지 않다면 이렇게 코스 중에 골라서 시켜보는 것도 좋아요.

이리 정성스럽게 주문을 했음에도 불구하고 상상했던 것과 다른 낯선 음식이 나올 수 있어요. 이런 경우는 사실 허다해요. 그래도 당황하지 마세요. 보통 메누 델 디아의 첫 번째와 두 번째 메뉴는 서로 어울리는 것들을 옵션에 두고있고, 만약 직원에게 추천해달라고 했다면 겹치지 않는 것들을 골라줬을 테니까요. 내 예상과는 빗나갔어도 또 다른 새로운 맛을 경험하는 것도 분명 여행의 묘미! 나중에 여행 이야기할 때 써먹을 에피소드가 됩니다. 대반전이 주는 서프라이즈를 즐겨보세요. 그건 또 그것대로 재미있을 거예요!

14

GO

마트에 쇼핑하러 갑니다

스페인 여행의 즐거움 가운데 하나는, 바로 마트예요. 저는 새로운 도시에 도착하면 일단 근처 가게에서 물 한 병만 사 놓고 짐을 푼 다음 마트나 시장에 가요. 사실 살 거라고는 다음날 먹을 빵과 우유, 시리얼, 과일과 초콜릿 정도지만 한 시간이고 두 시간이고 구경하죠. 어떤 건 한국에 있는 것과 똑같아서, 어떤 건 남미 음식인 줄 알았는데 스페인에 똑같이 있어서, 그리고 어떤 건 생전 처음 보는 거라서 한 발자국 걸을 때마다 "우와", "오호" 하면서 살펴보고 카트에 담아요. 가져가기 너무 무겁겠다 싶으면 다음번에 와서 꼭 사겠다며 사진을 찍어놓기도 하고요.

장바구니 챙겨 마트 가기

가지고 다니는 장바구니가 없다면, 현지 마트에서 판매하는 장바구니(보통 카운터 옆에 있어요. 짐 가방 같은 것도 있고 천으로 된 제품도 있어요.)를 구매해서 가지고 다니는 것도 좋겠지요. 한국에 돌아와서 그 장바구니를 쓸 때마다 현지에서 장을 보던 내 모습이 기억나서 기분이 좋아질 테니까요. 자, 장바구니까지 챙겼다면 이제 마트에 갑니다.

스페인에는 크게 세 개의 마트 브랜드와 한 개의 백화점이 있어요. 마트는 디아(Día), 메르까도나(Mercadona), 까르푸(Carrefour), 백화점은 엘 꼬르떼 잉글레스(El Corte Inglés)입니다.

디아(dia)는 동네에 있는 작은 규모의 마트에요. 생필품 위주로 판매해서 숙소에 들어가는 길에 물이나 우유, 주스를 사기에 좋아요. 가격이 다른 마트나 개인 슈퍼보다 저렴한 편이고, 조금 큰 곳에는 채소나 과일을 팔기도 하지만 보통은 크지 않아서 구경을 하기보다는 정말 딱 필요한 걸 사러 갈 때 들르는 곳이에요.

두 번째 마트 브랜드는 메르까도나(mercadona). 한국에 사는 스페인 친구들에게 가장 그리운 게 뭐냐고 물으면 하나같이 "메르까도나!"라고 외쳐요. 그만큼 스페인 사람들에게는 매일 장을 보는 생활 속 맛집이지요. 스페인 여행을 갔는데 만약 요리를 할 수 있는 숙소일 경우, 꼭 주변 메르까도나에 가보세요! 여기서 장을 보는 것만으로도 진짜 '현지인처럼 여행하기'를 할 수 있답니다.

메르까도나는 한국으로 치면 아파트 단지 가까운 곳에 있는 2층짜리 마트 정도의 규모라고 보면 되는데요, 디아보다 훨씬 크고 가격대도 적당하고 물건도 다양해서 장보기에 정말 좋아요. 쌀을 사려고 해도 동그란 쌀 부터 훅 불면 날아가는 길쭉한 쌀까지 종류별로 있고, 한국에서는 백화점 지하에 가야 살 수 있는 치즈들도 부담 없는 가격에 마음껏 사 먹을 수 있답니다. 고기나 해산물은 팩에 손질되어 담겨 있어서 스페인어를 몰라도 원하는 걸, 원하는 양만큼 살 수 있으니 이 점도 좋고요. 무엇보다 자체 브랜드로 나오는 것들이 꽤 괜찮아요. 특히 한국에는 '꿀 국화차'로 알려진 꿀 캐모마일차가 여러 브랜드에서 나오는데, 메르까도나 자체 브랜드인 아센다도(HACENDADO) 제품이 꿀 향, 꿀맛이 월등히 강해서 맛있어요. 가격대도 한 박스(20개입)에 1유로 정도 하니까, 여름에는 차갑게 우려서 물 대신 마시기에도 좋고요.

구경하고 선물 사기에 가장 좋은 곳은 까르푸(carrefour)예요. 선물 용도의 초콜릿, 스페인식 엿인 뚜론(turrón), 바로 뜯어 먹기 좋은 하몽 등을 사기 좋아요. 물론, 장보기에도 좋습니다. 가격대는 메르까도나보다 살짝 비싸지만 채소와 과일의 퀄리티가 조금 더 좋은 편이에요. 특히 까르푸의 바게트 빵은 정말 맛있어요. 하루에도 몇 번씩 매장에서 직접 구운 빵이 나오거든요. 50센트짜리부터 1유로짜리까지 다양한 식사용 빵이 있으니 참고하세요. 단 걸 좋아하신다면 냉동식품 코너의 아이스크림 매대에도 가보세요. 한국에서는 볼 수 없는 맛있는 아이스크림들이 잔뜩입니다. 한국의 편의점에서 흔히 볼 수 있는 한끼 샐러드 같은 음식이나 파스타도 있어요! 저는 여기서 바게트 빵과 후무스(병아리콩을 갈아서 만든 디핑 소스), 그리고 샐러드를 사서 냉장고에 넣어놓곤 해요. 그러면 다음날 아침에는 눈을 뜨기도 전에 이미 입가에 미소가 번지더라고요.

TIP 마트에서 치즈를 고를 때는

스페인에 가면 마트에 정말 다양한 치즈가 있어요. 고를 때 고민된다면 일단 색깔이 하얀색일수록 순한 맛이라고 생각하면 돼요. 그리고 semicurado(세미꾸라도)라고 쓰여져 있다면, 그걸 골라보세요. 2~3개월 정도만 숙성시킨 비교적 담백한 맛의 치즈예요. 나는 좀더 진한 맛이 좋다! 하면 curado(꾸라도)라고 써 있는 치즈를 추천해요. 3개월 이상 숙성시킨 치즈인데 훨씬 쿰쿰하고 짭쪼롬하답니다.

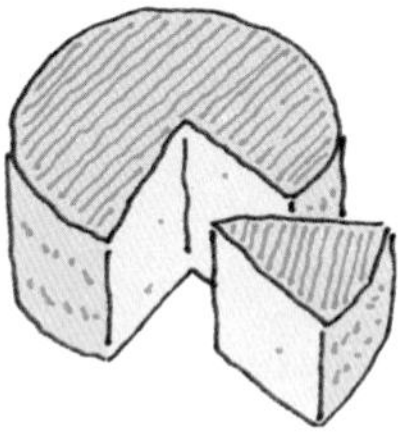

마트에서 유용한 문장 읽기

차 종류는 어디에 있나요?

돈데 아이 **떼**

¿Dónde hay té?

유제품이 저쪽에 있나요?

(을)로슬락떼오ㅅ 에스딴 뽀르 아야

¿Los lácteos están por allá?

우유 어디에 있어요?

돈데 아일-**레**체

¿Dónde hay leche?

이 층에 과일이 있나요?

(을)라ㅅ **프루**따ㅅ 에스**딴** 엔에스떼 삐소

¿Las frutas están en este piso?

아래층에 냉동제품이 있나요?

아**바**호 아이 꽁헬**라**도ㅅ

¿Abajo hay congelados?

맛봐도 되나요?

세뿌에데 쁘로바ㄹ

¿Se puede probar?

여기 있는 게 다인가요?

에스또에ㅅ 또도

¿Esto es todo?

이거 더 있나요?

아이**마ㅅ**데 에스또ㅅ

¿Hay más de estos?

다른 것도 있나요?

아이 오뜨로ㅅ

¿Hay otros?

새 상품 있나요?

띠에네 오뜨로 누에보

¿Tiene otro nuevo?

마트에서 장을 본다면 기억하세요

1. 인사하기

가장 중요해요! 내 차례가 되면 "올라"(hola) 하고 인사하고, 계산이 끝나면 "그라시아ㅅ"(gracias)라고 감사 인사하는 걸 잊지 마세요. 계산이 끝난 다음에 직원이 먼저 "그라시아ㅅ"라고 인사했을 경우에는, "아 띠"(a ti) 또는 "아 우스뗏"(a usted)이라고 대답합니다. '저도 감사해요'라는 뜻이랍니다. 보통 이렇게 가장 많이 써요.

2. 담을 것 확인하기

조금 큰 마트들은 무엇에 물건을 담았는지를 기준으로 줄을 서기도 해요. 미는 카트에 장을 본 사람들을 위한 줄, 그리고 손에 드는 바구니에 장을 본 사람들을 위한 줄로 나뉘기도 하니 이미 줄을 선 사람들의 담을 것도 한번 체크하세요.

3. 앞사람과 간격 유지하기

앞사람과의 간격은 생각보다 조금 더 두는 게 좋아요. 좁거나 사람이 아주 많은 곳이 아니라면, 조금 큰 보폭으로 한 걸음 정도 거리가 좋습니다.

4. 느려도 기다리기

한국보다 느리더라도 차분히 기다려주세요. 앞사람이 친절한 서비스를 받는 만큼, 내 차례가 되었을 때 나도 급하지 않게, 천천히 계산하고 기분 좋게 나갈 수 있어요.

5. 거스름돈 확인하기

가끔 실수로 동전을 틀리게 받거나, 계산이 잘못되는 수도 있어요. 지갑에 돈을 넣기 전에, 거스름돈을 받으면 그 자리에서 바로 확인해보세요. 그리고 거스름돈이 애매한 경우, 예를 들면 5유로 9센트가 나왔는데 나는 잔돈이 하나도 없을 때! 이럴 때 계산원이 나에게 잔돈이 있는지 물어봐올 수 있어요. "띠에네 모네다ㅅ"(¿Tiene monedas?)라고 할 텐데, 이럴 땐 그냥 "노"(No)라고 하거나, 공손한 표현으로 "뻬르돈"(Perdón)이라고 하면 돼요.

6. 장바구니 챙기기

스페인은 장바구니를 가지고 다니는 사람들이 아주 많아요. 부피도 작고 가벼운 장바구니는 마트나 소품 가게에서도 쉽게 구할 수 있으니 마음에 드는 장바구니를 하나 가지고 다니면 좋아요.

SUPER
MERCAD

마트에서 계산할 때 들리는 표현

마트에서 계산을 할 땐 사실 많은 말이 필요하지 않아요. 하지만 역시 몇 가지 표현과 단어는 알아놓는 게 좋지요.

1. 현금 or 카드

현금으로 지불할 때는 "에네펙띠보"(en efectivo)라고 하고, 카드로 지불할 때는 "꼰따르헤따"(con tarjeta)라고 말합니다. 보통은 직원이 결제하지만, 카드리더기가 앞에 있고 직접 카드를 꽂아야 할 때도 있어요. 그러면 카드리더기에 카드를 꽂고, 금액을 입력하고, 'OK'라고 써 있는 초록 버튼을 누릅니다. 그다음에는 원화 또는 유로 중에 어떤 것으로 결제할 건지 나옵니다. 결제할 화폐를 고른 뒤 서명을 하고 카드를 챙기면 돼요. (기계에 따라 영수증이 나오면 영수증에 따로 싸인을 하기도 해요.)

2. 금액을 말할 때는

스페인은 화폐로 유로와 센트를 사용합니다. 유로는 스페인어로 에우로(euro)예요. 1유로일 땐 "운 에우로"(un euro)라고 하고, 2유로일 때부터는 앞에 오는 숫자가 복수라서, euro 끝에 s를 붙여 "에우로ㅅ"(euros)라고 할 거예요.

센트는 센띠모(céntimo)라고 부릅니다. 사실 센트까지 말하거나, 또 들었을 때 이해하는 건 쉽지 않아요. 스페인어가 워낙 빠르니까요. 보통 우리는 무언가를 살 때 그 가격을 어느 정도는 미리 알고 있고, 또 계산대에 숫자로도 나오니 이 부분은 가볍게 넘어가도 괜찮아요.

'다 해서 얼마이다'라고 할 때는 "엔또딸"(en total)이란 표현을 써요. 총합이라는 뜻으로 뒤에 총액을 숫자로 덧붙일 거예요. 반대로 '~는 제외하고'라고 말할 땐 "엑쎕또"(excepto)라고 한 다음, 제외되는 물건을 언급할 거예요.

3. 봉지와 영수증

봉투나 봉지는 볼사(bolsa)라고 해요. 봉투를 원하는지는 직원이 이렇게 물어볼 거예요. "네쎄시따 볼사"(¿Necesita bolsa?), "끼에레 우나볼사"(¿Quiere una bolsa?), "(을)레도이 우나볼사?"(¿Le doy una bolsa) 바코드를 찍기 전에 묻기도 하고 다 찍고 나서 묻는 경우도 있어요. 스페인은 장바구니를 많이 사용하는 편이라 묻지 않기도 하고요. 봉투가 필요하다고 말할 땐 '봉투 하나 부탁합니다'라는 뜻으로 "우나볼사, 뽀르파보ㄹ"(Una bolsa, por favor)라고 하면 되어요. 하지만 가벼운 에코백을 하나 가지고 다니면 더 좋겠죠!

중남미에서는 영수증을 팍뚜라(factura) 또는 ㄹㄹ레씨보(recibo)라고 하는데, 스페인에서는 띠껫(tiquet)이라고 해요. 우리가 알고 있는 '티켓'이라는 뜻도 있지요. 저는 한국에선 영수증을 버려달라고 부탁하지만, 여행을 할 땐 영수증을 모아요. 여행 비용 정리도 하고, 나중에는 그렇게 모아둔 영수증을 보면서 추억 놀이 하기도 좋더라고요.

epilogue

어떤 날은 친한 친구와 함께 여행하며 속닥속닥 수다떠는 기분으로 이 책을 썼습니다. 또 어떤 날은 쌤과 학생으로 만났지만, 함께 공부한 스페인어는 다 잊어버리고 이제는 우정만 쌓고 있는 친구들을 떠올리며, 여행 전 이것저것 잔소리하는 기분으로 글을 써 내려갔고요. 돌아보니 원고가 꽤 많네요. 이렇게 할 말이 많았나 싶으면서도 아직 못 한 말도 너무 많아서 지금 마무리하는 글을 쓸 게 아닌데, 싶기도 해요. 미묘한 기분입니다.

여러분은 어떠셨을까요? 상상이 되지 않아요. 진짜 친한 제 친구라면 '아, 누가 이거 다 읽어, 그냥 가지'라고 할 것 같고, (진짜 친한 친구들은 어째 다 이런 식일까요.) 제게 스페인어를 배웠던 학생들은 '와, 쌤 여기서도 잔소리가, 잔소리가…!' 하면서 목소리 들린다고 귀를 막고 도리도리하지는 않으실까

걱정되고… (농담) 하지만 여러분은 다르실지도 모른다는 작은 희망을 품어보며(!) 이제 이 글을 마무리하려고 합니다.

최고로 맛있는 여행이 여러분을 기다리고 있기를, 그 사이에서 여러분의 비눗방울이 유난히 반짝이기를, 그리고 생각지도 못한 순간에 그 비눗방울이 탁! 터지고, 오랫동안 여러분을 문득문득 미소 짓게 할 기억들이 켜켜이 쌓이기를 진심으로 기도하고, 기대할게요.

¡ Que tengas un feliz y exquisito viaje!

Appendix.

알아두면
더 좋은 부록

채식 관련 단어 읽기

베지테리언
채식주의자

여자	남자
vegetariana	vegetariano
베헤따리아나	베헤따리아노

플렉시테리언
채식을 하지만 상황에 따라 가끔 육식도 하는 사람

여자	남자
플렉시따리아나	flexitariano
flexitariana	플렉시따리아노

비건
동물성 음식을 전혀 섭취하지 않고 식물성 식품만 먹는 사람

여자	남자
vegana	vegano
베가나	베가노

TIP 성별에 따라 달라지는 단어

남자인지, 여자인지에 따라 단어가 달라 조금 복잡하죠? 스페인어는 성별이 뚜렷하게 나타나는 문법을 지닌 언어라서, 사람을 칭하는 단어일 경우 성별이 나타나게 된답니다. 끝이 'o'로 끝나면 남자, 'a'로 끝나면 여자라는 점을 기억해두면 좋아요.

채식을 한다고 말할 때는

나는 ~입니다

소이

Soy ~

ex.

나는 비건(여)입니다

소이 베**가**나

Soy vegana

나는 베지테리언(남)입니다

소이 베헤따**리아**노

Soy vegetariano

나는 플렉시테리언(여)입니다

소이 플렉시따**리아**나

Soy flexitariana

비건 메뉴 묻기

비건 메뉴 있나요?

띠에네 메누 베가노

¿Tiene menú vegano?

고기 빼고 준비해주실 수 있나요?

세뿌에데 쁘레빠라ㄹ 에스또 싱까르네

¿Se puede preparar esto sin carne?

이 메뉴에 고기가 들어가나요?

에스떼메누 예바 까르네

¿Este menú lleva carne?

이 메뉴에 생선이 들어가나요?

에스떼메누 예바 뻬스까도

¿Este menú lleva pescado?

이 메뉴에 유제품이 들어가나요?

에스떼메누 예바 락떼오ㅅ

¿Este menú lleva lácteos?

이 메뉴에 치즈가 들어가나요?

에스떼메누 예바 께소

¿Este menú lleva queso?

알레르기를 말할 때는

나는 ~이 있습니다

떼고

Tengo ~

ex.

알레르기가 있어요

떼고 알**레르**히아

Tengo alergia

땅콩 알레르기가 있어요

뗑고 알**레르**히아 알-라ㅅ 누에쎄ㅅ

Tengo alergia a las nueces

유제품 알레르기가 있어요

뗑고 알**레**르히아 알-**락**떼오ㅅ

Tengo alergia a lácteos

양파 알레르기가 있어요

뗑고 알**레**르히아 알-라 쎄보야

Tengo alergia a la cebolla

복숭아 알레르기가 있어요

뗑고 알**레**르히아 알 멜로꼬**똔**

Tengo alergia al melocotón

토마토 알레르기가 있어요

뗑고 알**레**르히아 알또**마**떼

Tengo alergia al tomate

먹을 수 없는 것을 말할 때는

~를 할 수 없어요

노뿌에도

No puedo ~

~를 먹을 수 없어요

노뿌에도 꼬**메**ㄹ

No puedo comer ~

~를 마실 수 없어요

노뿌에도 또**마**ㄹ

No puedo tomar ~

노뿌에도 베**베**ㄹ

No puedo beber ~

ex.

찬 우유를 마실 수 없어요

노뿌에도 또마를랄레체 **프리**아

No puedo tomar la leche fría

커피를 마실 수 없어요

노뿌에도 또마ㄹ 까**페**

No puedo tomar café

카페인을 섭취할 수 없어요

노뿌에도 꼰수**미**ㄹ 까페**이**나

No puedo consumir cafeína

다이어트(식단)를 해야 해요

뗑고께 아세를-라**디에**따

Tengo que hacer dieta

다이어트(식단) 중이에요

에스또이-아**디에**따

Estoy a dieta

수프만 먹을 수 있어요

솔로 뿌에도 꼬메를라**소**빠

Solo puedo comer la sopa.

아프거나 지병이 있다면

소화를 못 해요

노뿌에도 디헤리ㄹ

No puedo digerir

배가 아파요

메두엘레 엘-에스**또**마고

Me duele el estómago

당뇨가 있어요

뗑고 디아베떼ㅅ

Tengo diabetes

만성신부전증이 있어요

뗑고 인수피**씨엔**씨아 ㄹㄹ레**날** 끄**로**니까

Tengo insuficiencia renal crónica

심장병이 있어요

뗑고 엥페르메**닫** 까르**디**아까

Tengo enfermedad cardíaca

고혈압이 있어요

떙고 이뻬르뗀시온

Tengo hipertensión

저혈압이 있어요

뗑골라뗀시온 **바**하

Tengo la tensión baja

나의 지병이나 알레르기를 스페인어로 알아두었다가 "뗑고 ○○○"(Tengo ○○○)이라고 말해보세요. 내가 아니라 함께 여행하는 가족이나 친구가 이런 증상이나 병이 있는 상황이라면 문장에서 '나'를 표현하는 말을 '그'로 바꿔주면 됩니다.

1인칭 단수 뗑고(tengo)를 3인칭 단수 띠에네(Tiene)로, 1인칭 단수 뿌에도(puedo)는 3인칭 단수 뿌에데(puede)로 바꿔보세요. 관계를 넣어 주어를 더 정확히 말하고 싶다면 동사 앞에 오른쪽 표에 있는 말들을 넣어봐도 좋아요.

우리 엄마
mi mamá
미마**마**

우리 아빠
mi papá
미빠**빠**

우리 언니/여동생
mi hermana
미에르**마**나

우리 오빠/남동생
mi hermano
미에르**마**노

내 파트너
mi pareja
미빠**레**하

내 친구(여자)
mi amiga
미아**미**가

내 친구(남자)
mi amigo
미아**미**고

그(여자)
ella
에야

그(남자)
él
엘

ex.

우리 엄마는 고혈압이 있어요
미마**마** 띠에네 이뻬르뗀시**온**
Mi mamá tiene hipertensión

내 파트너는 카페인을 섭취할 수 없어요
미빠**레**하 노뿌에데 꼰수**미**ㄹ 까페**이**나
Mi pareja no puede consumir cafeína

그(여자)는 유제품 알레르기가 있어요
에야띠에네 알**레**르히아 알**락**떼오ㅅ
Ella tiene alergia a lácteos

Editor's letter

무려, 미식과 여행과 어학이 어우러져 있어요. 꼭 필요한 최소한의 스페인어와 생생한 일러스트가 가득합니다. 귀엽고 사랑스러운 이 책의 유일한 단점은 페이지마다 군침이 나오고 자꾸 배고파진다는 것! **현**

원고를 읽으며 첫 번째로 놀란 이유는 제가 스페인 음식을 생각보다 많이 알고 있기 때문이었어요. '빠에야도, 감바스도, 하몽도 전부 스페인 음식이었구나! 어라, 나 스페인 음식 좋아하네?' 하고요. 그리고 두 번째로 놀란 건 그 밖에 새롭게 좋아하게 된 스페인 음식도 많다는 것입니다. 미식의 나라답게 어쩌나 음식 종류도 다양한지 몰라요. 작가님의 글은 꼭 스페인 현지 친구가 들려주는 이야기 같아서 과몰입하게 됩니다. 언젠가 산티아고 순례길을 걸으러 꼭 스페인에 가고 싶었는데 (저 같은 분들 있나요?) 이제는 음식을 먹으러 스페인에 가야겠습니다. 이 책을 들고요! **령**

미식가를 위한 스페인어 안내서

1판 1쇄 발행일 2023년 3월 6일
1판 2쇄 발행일 2023년 5월 15일

지은이 이지가을
그린이 허지영
발행인 김학원
발행처 (주)휴머니스트출판그룹
출판등록 제313-2007-000007호(2007년 1월 5일)
주소 (03991) 서울시 마포구 동교로23길 76(연남동)
전화 02-335-4422 **팩스** 02-334-3427
저자 · 독자 서비스 humanist@humanistbooks.com
홈페이지 www.humanistbooks.com
시리즈 홈페이지 blog.naver.com/jabang2017
디자인 디자인 이프 **용지** 화인페이퍼 **인쇄** 삼조인쇄 **제본** 해피문화사

자기만의 방은 (주)휴머니스트출판그룹의 지식실용 브랜드입니다.

ISBN 979-11-6080-968-8 (13770)